Formação e administração de preços

MARKETING

Formação e administração de preços

Jorge Carneiro
Claudio Sunao Saito
Hélio Moreira de Azevedo
Luiz Celso Silva de Carvalho

4ª EDIÇÃO

Copyright © 2018 Jorge Carneiro; Claudio Sunao Saito; Hélio Moreira de Azevedo; Luiz Celso Silva de Carvalho

Direitos desta edição reservados à
EDITORA FGV
Rua Jornalista Orlando Dantas, 37
22231-010 – Rio de Janeiro, RJ – Brasil
Tels.: 0800-021-7777 – 21-3799-4427
Fax: 21-3799-4430
editora@fgv.br – pedidoseditora@fgv.br
www.fgv.br/editora

Impresso no Brasil / *Printed in Brazil*

Todos os direitos reservados. A reprodução não autorizada desta publicação, no todo ou em parte, constitui violação do copyright (Lei nº 9.610/98).

Os conceitos emitidos neste livro são de inteira responsabilidade dos autores.

1ª edição – 2004; 2ª edição revista e atualizada – 2006; 3ª edição – 2011; 4ª edição – 2018

PREPARAÇÃO DE ORIGINAIS: Michele Mitie
REVISÃO: Aleidis de Beltran
CAPA: aspecto:design
PROJETO GRÁFICO DE MIOLO: Ilustrarte
EDITORAÇÃO: Abreu's System

Ficha catalográfica elaborada pela Biblioteca Mario Henrique Simonsen/FGV

Carneiro, Jorge
   Formação e administração de preços / Jorge Manoel Teixeira Carneiro... [et al.]. – 4. ed. – Rio de Janeiro : FGV Editora, 2018.
   188 p.

   Em colaboração com Claudio Sunao Saito, Hélio Moreira de Azevedo, Luiz Celso Silva de Carvalho.
   Publicações FGV Management.
   Área: Marketing.
   Inclui bibliografia.
   ISBN: 978-85-225-2031-2

   1. Marketing. 2. Preços – Determinação. 3. Comportamento do consumidor. I. Saito, Claudio Sunao. II. Azevedo, Hélio Moreira de. III. Carvalho, Luiz Celso Silva de. IV. FGV Management. V. Fundação Getulio Vargas. VI. Título.

   CDD – 658.8

*Aos nossos alunos e aos nossos colegas docentes,
que nos levam a pensar e repensar nossas práticas.*

Sumário

Apresentação	11
Introdução	15

1 | O papel do preço na estratégia comercial — 19
   A importância da decisão de preço no sucesso da estratégia
      comercial — 19
   O preço como um indicador de qualidade — 21
   O preço como um elemento do posicionamento — 23
   Objetivos e estratégias de preço — 25

2 | O ambiente de negócios — 29
   O significado do preço para o comprador — 29
   Comportamento de compra do consumidor — 32

3 | Estratégia competitiva e objetivos empresariais — 37
   Modelo de estratégias competitivas genéricas — 37
   O preço na estratégia de liderança em custos — 39
   O preço na estratégia de diferenciação — 41
   O preço na estratégia de enfoque — 44
   Sinalização de preços e de valor — 45
   Objetivos da empresa — 48

4 | Influência dos fatores mercadológicos na decisão de preços — 55
    Influência do macroambiente — 55
    Ciclo de vida do produto — 59
    Análise da concorrência — 62
    Sensibilidade ao preço — 69
    Segmentação de mercado — 75

5 | A importância dos custos na formação do preço — 79
    Enfoque gerencial *versus* enfoque contábil-fiscal — 79
    Impactos da evolução do ambiente — 81
    Terminologias de custos — 84
    Principais classificações de custos e despesas — 85
    Análise da relação custo/volume/preço/lucro — 90
    Margem de contribuição — 93
    Sistemas de custeio — 94

6 | Impacto do custo financeiro e tributário sobre o preço — 101
    A influência do custo do financiamento — 101
    O impacto dos tributos na composição dos custos e na formação dos preços — 107

7 | Métodos de definição de preços — 119
    Métodos baseados em custos — 119
    Métodos baseados na demanda — 139
    Métodos baseados na concorrência — 145
    Combinação de métodos — 146

8 | Políticas e administração de preços — 149
    Políticas gerais de preço — 149
    Políticas de preços para novos produtos — 152
    Preço de serviços — 156
    Preço do composto de produtos — 159

    Adequação de preços   161
    Reações às variações de preços   172

Conclusão   177
Referências   181
Os autores   185

Apresentação

Este livro compõe as Publicações FGV Management, programa de educação continuada da Fundação Getulio Vargas (FGV).

A FGV é uma instituição de direito privado, com mais de meio século de existência, gerando conhecimento por meio da pesquisa, transmitindo informações e formando habilidades por meio da educação, prestando assistência técnica às organizações e contribuindo para um Brasil sustentável e competitivo no cenário internacional.

A estrutura acadêmica da FGV é composta por nove escolas e institutos, a saber: Escola Brasileira de Administração Pública e de Empresas (Ebape), dirigida pelo professor Flavio Carvalho de Vasconcelos; Escola de Administração de Empresas de São Paulo (Eaesp), dirigida pelo professor Luiz Artur Ledur Brito; Escola de Pós-Graduação em Economia (EPGE), dirigida pelo professor Rubens Penha Cysne; Centro de Pesquisa e Documentação de História Contemporânea do Brasil (Cpdoc), dirigido pelo professor Celso Castro; Escola de Direito de São Paulo (Direito GV), dirigida pelo professor Oscar Vilhena Vieira; Escola de Direito do Rio de Janeiro (Direito Rio), dirigida pelo professor Sérgio Guerra; Escola de Economia de São Paulo (Eesp), dirigida pelo professor Yoshiaki Nakano; Instituto Brasileiro de Economia (Ibre), dirigido pelo professor Luiz Guilherme Schymura de Oliveira; e Escola de Matemática Aplicada (Emap), dirigida pela professora Maria Izabel Tavares Gramacho. São diversas unidades com a marca FGV, trabalhando com a mesma filosofia: gerar e disseminar o conhecimento pelo país.

Dentro de suas áreas específicas de conhecimento, cada escola é responsável pela criação e elaboração dos cursos oferecidos pelo Instituto de Desenvolvimento Educacional (IDE), criado em 2003, com o objetivo de coordenar e gerenciar uma rede de distribuição única para os produtos e serviços educacionais produzidos pela FGV, por meio de suas escolas. Dirigido pelo professor Rubens Mario Alberto Wachholz, o IDE conta com a Direção de Gestão Acadêmica (DGA), pelo professor Gerson Lachtermacher, com a Direção da Rede Management pelo professor Silvio Roberto Badenes de Gouvea, com a Direção dos Cursos Corporativos pelo professor Luiz Ernesto Migliora, com a Direção dos Núcleos MGM Brasília, Rio de Janeiro e São Paulo pelo professor Paulo Mattos de Lemos, com a Direção das Soluções Educacionais pela professora Mary Kimiko Magalhães Guimarães Murashima. O IDE engloba o programa FGV Management e sua rede conveniada, distribuída em todo o país e, por meio de seus programas, desenvolve soluções em educação presencial e a distância e em treinamento corporativo customizado, prestando apoio efetivo à rede FGV, de acordo com os padrões de excelência da instituição.

Este livro representa mais um esforço da FGV em socializar seu aprendizado e suas conquistas. Ele é escrito por professores do FGV Management, profissionais de reconhecida competência acadêmica e prática, o que torna possível atender às demandas do mercado, tendo como suporte sólida fundamentação teórica.

A FGV espera, com mais essa iniciativa, oferecer a estudantes, gestores, técnicos e a todos aqueles que têm internalizado o conceito de educação continuada, tão relevante na era do conhecimento na qual se vive, insumos que, agregados às suas práticas, possam contribuir para sua especialização, atualização e aperfeiçoamento.

Rubens Mario Alberto Wachholz
Diretor do Instituto de Desenvolvimento Educacional

Sylvia Constant Vergara
Coordenadora das Publicações FGV Management

Introdução

O preço está presente em todas as atividades mercadológicas, embora sob diversas designações: a *mensalidade* da escola dos filhos, o *aluguel* do apartamento, os *honorários* que pagamos a um advogado, a *diária* paga à passadeira, o *pedágio* numa rodovia, a *joia* para ser membro de um clube, o *prêmio* de seguro do carro, as *tarifas* dos serviços bancários, o próprio *preço* de um sanduíche na lanchonete.

Contudo, nem todas as empresas lidam bem com as ferramentas para uma adequada decisão de preço. Entre os erros mais usuais (Kotler e Keller, 2012), cabe citar: a ênfase exageradamente orientada por custos; a falta de revisão mais frequente para aproveitar oportunidades de mercado; a incoerência entre o preço e os demais elementos do composto de marketing; e o não estabelecimento de preços devidamente diferenciados para os diferentes tipos de produto e segmentos de mercado. Adicionalmente, as empresas devem tomar cuidado para não usar o preço apenas como ferramenta de curto prazo, sem levar em conta as reações, de médio e longo prazos, tanto de concorrentes quanto de compradores.

A capacidade das empresas para estabelecer adequadamente seus preços ganha ainda mais importância quando se observam as transformações por que tem passado a economia mundial, sobretudo nas últimas três décadas. Não apenas ocorreu uma ampla abertura de mercados como parte do movimento de globalização, mas também os consumidores têm hoje acesso a mais informação sobre as empresas e as ofertas de produtos e serviços.

No Brasil, com a redução da inflação, os consumidores ficaram mais conscientes do valor dos produtos. Some-se a isso a maior facilidade para pesquisar e comparar preços, graças à internet. Vemos, assim, quanto vem aumentando o poder do consumidor.

A liberdade das empresas para fixar preços é também condicionada por diversas variáveis do macroambiente, tais como inflação, taxa de juros, atuação de organismos de defesa do consumidor, controles oficiais de preços e política fiscal e tributária.

Por outro lado, a crescente sensação de falta de tempo das pessoas e sua busca cada vez maior por comodidade tornam-se oportunidades interessantes para as empresas explorarem novos conceitos de produto e de serviço, atendendo a consumidores menos sensíveis ao preço. Além disso, o preço pode servir como importante instrumento para reforçar o posicionamento do produto e a imagem da empresa, como será visto adiante.

Naturalmente, deve-se sempre ter em mente que o preço faz parte de um contexto maior de posicionamento da empresa, definido por suas estratégias (capítulo 3) e seu composto de marketing (figura 1). As decisões de preço devem, portanto, ser coerentes com as demais decisões de marketing e com as orientações estratégicas da empresa, contribuindo assim para o reforço do posicionamento almejado.

Este livro está organizado em oito capítulos, além desta introdução e da conclusão. O primeiro capítulo apresenta a importância do preço na estratégia comercial, discutindo a forma de alcançar os objetivos e a execução das estratégias de marketing a partir da definição de preços.

INTRODUÇÃO

Figura 1
Variáveis do composto de marketing

- Produto: características técnicas ou funcionais, marca, *design*, embalagem, serviços agregados etc.
- Preço: preço básico, descontos, prazos e condições de pagamento.
- Praça: canais de distribuição, distribuição física, transporte e armazenagem.
- Promoção: propaganda, promoção de vendas, publicidade, relações públicas, venda pessoal e marketing direto.

Fonte: Rocha, Ferreira & Silva (2012).

No capítulo 2, um importante componente do ambiente de negócios, mais especificamente o comportamento do comprador, será abordado com o objetivo de discutir as motivações e situações que podem afetar as estratégias e definições relacionadas ao preço.

O capítulo 3 focaliza as opções de estratégia competitiva que podem ser adotadas pela empresa e o correspondente posicionamento de seus produtos ou serviços na mente dos consumidores e em relação aos concorrentes. A orientação estratégica da empresa norteará as decisões de preço que se seguirão.

Fatores mercadológicos como as características dos concorrentes, estratégias de segmentação e ciclo de vida, além da influência de variáveis econômicas, sociais e político-legais, entre outras, são abordados no capítulo 4.

O capítulo 5 apresenta os principais conceitos relativos a custos, suas formas de classificação e os métodos de custeio, de modo que a definição de preços leve devidamente em conta as pressões impostas pelos custos. Mostra, também, o relevante conceito de margem de contribuição.

O impacto de certos tipos de custos, tais como custos de financiamento e de capital, é abordado no capítulo 6, que também apresenta os impactos dos tributos nos custos das empresas e, consequentemente, nas suas decisões sobre preço.

Como se vê, uma adequada definição dos preços a serem adotados deve levar em conta, entre outras questões, as características e o comportamento de três importantes fatores, os três C's: os compradores, os custos e os concorrentes. A partir daí procede-se, no capítulo 7, a uma análise dos diversos métodos de definição de preços.

No capítulo 8 apresentam-se as diversas opções disponíveis para as empresas, bem como as situações em que seriam aplicáveis, de forma a adaptar os níveis de preço praticados conforme as diversas circunstâncias e mudanças no ambiente. Também se tecem considerações sobre como as mudanças de preço de um concorrente podem ser interpretadas pelos compradores e quais as possíveis reações dos demais concorrentes.

Cabe ressaltar que uma boa decisão sobre preço deve basear-se tanto em técnica quanto em arte. Não há uma receita infalível, que sirva para qualquer situação. Contudo, neste livro, o leitor conhecerá as principais variáveis a serem consideradas e a forma de lidar com elas, a fim de que as decisões sobre preço efetivamente contribuam para melhorar a rentabilidade de longo prazo da empresa.

1
O papel do preço na estratégia comercial

O preço é mais do que um valor impresso na etiqueta de um produto. Ele não é definido apenas a partir de uma fórmula matemática, onde são considerados apenas os custos e despesas da empresa e os lucros desejados. O preço é um elemento fundamental na estratégia de marketing da empresa e define, ao longo do tempo, o tipo de cliente a ser atendido e o tipo de relacionamento estabelecido com esses clientes, influenciando diretamente os resultados atuais e futuros da empresa.

A importância da decisão de preço no sucesso da estratégia comercial

Na definição do preço devem ser considerados os objetivos e estratégias da empresa e o custo de produção, sem perder de vista que o preço, no limite, será definido pelo mercado consumidor que, a partir do valor percebido, vai estipular o preço máximo que está disposto a pagar pelo produto ou serviço.

Segundo Churchill e Peter (2012), o preço desempenha dois papéis principais no composto de marketing, influenciando: a) se a compra será realizada e quanto de um produto ou serviço os consumidores ou organizações comprarão; b) se a comercialização do produto ou serviço será suficientemente lucrativa, pois mesmo pequenas mudanças de preço podem influenciar drasticamente os lucros.

Profissionais de marketing e vendas têm, portanto, o desafio de entender o mercado e negociar um preço que atenda às necessidades dos clientes e, ao mesmo tempo, gere um nível adequado de vendas e lucros para a empresa.

Isso não significa que os vendedores devem agir passivamente, reagindo às condições impostas pelos clientes e consumidores. O profissional de marketing deve procurar entender os desejos e necessidades dos clientes, visando estabelecer o preço em um patamar que a maioria, dentro do público-alvo desejado, possa pagar e que possibilite o retorno financeiro que a empresa deseja para remunerar adequadamente os investimentos realizados.

Nesse sentido, é necessário tomar uma decisão, que se posiciona entre duas estratégias opostas: fixar um preço menor para o produto ou serviço, maximizando o volume de vendas; ou fixar um preço maior, em busca de maior margem unitária, aceitando um menor volume de vendas.

No primeiro caso, o desafio é definir um preço ideal que proporcione, ao mesmo tempo, a maximização do volume de vendas e da margem da empresa. Bens de consumo em geral, como alimentos, bebidas e produtos de limpeza, encaixam-se nessa condição, levando as empresas a realizar grandes esforços promocionais na busca de aumentar a participação de mercado e o volume de vendas.

Outras empresas optam pela busca de maiores margens, visando maximizar a lucratividade, pois acreditam que seus produtos são percebidos como superiores pelos consumidores. O esforço maior, nesse caso, está relacionado à comunicação dos atributos dos produtos e serviços e na capacitação dos vendedores, que muitas vezes realizam vendas consultivas, a fim de demonstrar ao cliente que o preço cobrado está associado ao valor do produto ou serviço.

A estratégia ideal seria obter altos volumes de vendas com altas margens de contribuição, mas isso somente é alcançado por empresas que oferecem produtos de consumo percebidos como diferenciados, seja em função da marca, do *design* ou de outro atributo valorizado pelos consumidores. Tais produtos, apesar de considerados caros, conquistam grandes parcelas do mercado, como é o caso da Apple com o produto IPhone.

Já no mercado empresarial, conhecido como *business to business* (B2B), esta situação de obter "o melhor dos mundos", conjugando alto volume de vendas com altas margens, em comparação aos concorrentes, é mais rara, pelo fato de o mercado ser mais restrito em quantidade de empresas e baseado em relacionamentos e caracterizado por intensa concorrência.

O preço como um indicador de qualidade

Muitos executivos acreditam que compradores relacionam o preço diretamente à qualidade. Para eles, consumidores e compradores acreditam que produtos mais caros devem possuir matérias-primas e componentes de melhor qualidade, maior durabilidade e mais tecnologia. Da mesma forma, serviços mais caros trariam uma percepção de maior qualidade no atendimento e no resultado esperado. Além disso, por limitar o acesso aos compradores com maior renda (ou faturamento), preços altos também trariam maior prestígio ou *status* ao comprador.

Essas premissas, a princípio, funcionam bem quando se comparam produtos de diferentes níveis de qualidade como, por exemplo, carros de luxo *vs.* carros populares ou cervejas *premium vs.* cervejas tradicionais, mas perdem importância quando utilizadas com produtos com nível de qualidade semelhante. Por exemplo, será que um comprador atribuiria maior qualidade a uma geladeira, entre diversas opções que oferecem os mesmos recursos, baseando-se apenas no maior preço? Ou a comparação das características do produto ou a imagem da marca seriam fatores mais importantes como indicadores de qualidade?

Existem muitas pesquisas que estudam o impacto do preço na percepção da qualidade. Diversos estudos acadêmicos demonstraram que o preço é um indicador utilizado pelos compradores para avaliar a qualidade, mas, em muitos casos, não tem a importância que os profissionais lhe atribuem.

Um experimento realizado por Leavitt (1954) indica que clientes escolhem com maior frequência o preço mais elevado entre duas marcas quando a única informação disponível é o preço. Outra pesquisa realizada por Zeithaml (1988) concluiu que se o consumidor não tiver conhecimento suficiente do produto, ou interesse, para entender a qualidade, o preço pode ser utilizado como um parâmetro. Outro pesquisador, Gijsbrechts (1993), afirma que existem consumidores que utilizam o preço como referência, mas isso não quer dizer que existe uma tendência generalizada de os consumidores associarem preço com qualidade. Uma explicação para isso, segundo Zeithaml (1988), é que os consumidores parecem depender mais do preço como um indicativo de qualidade em algumas categorias de produtos do que em outros. No mercado automotivo, por exemplo, o menor preço praticado pelas marcas japonesas em relação aos concorrentes europeus não diminuem a percepção de qualidade em relação aos produtos ofertados. Nas categorias de bens embalados (como bebidas), onde os produtos diferem pouco no preço, o consumidor não pode atribuir qualidade superior a produtos que custam apenas alguns centavos a mais do que os dos concorrentes. Da mesma forma, nas categorias em que se espera pouca variação entre as marcas (por exemplo, papel toalha ou detergente), o preço pode funcionar apenas como uma indicação de custo, enquanto nas categorias onde se espera variação de qualidade (por exemplo, roupas ou máquinas de lavar), o preço pode funcionar melhor como um indicador de qualidade.

Avaliando diversos estudos realizados, Brucks, Zeithaml e Naylor (2000) concluem que existe, sim, uma relação positiva entre o preço e a qualidade, mas a força dessa associação não é muito clara, sendo, na maioria dos casos, muito fraca ou inexistente. Esses mesmos autores realizaram um estudo com automóveis e chegaram à conclusão de que consumidores usam o preço não como um indicador de qualidade, mas como um sinal de prestígio do produto.

Considerando a discussão e os estudos apresentados, pode-se afirmar que o preço pode funcionar como indicador de qualidade, com maior ou menor efeito, dependendo das características do comprador e da categoria de produto ou serviço oferecido. Entretanto, fica claro que, nos casos onde existem maior interesse e envolvimento do consumidor no processo de compra, as informações relativas à qualidade são mais acessíveis e as marcas são trabalhadas de forma a fornecer fortes evidências da reputação de uma empresa, o comprador tende a preferir esses fatores, e não o preço, na avaliação da qualidade do produto.

O preço como um elemento do posicionamento

Em mercados competitivos, empresas precisam se destacar e se diferenciar dos concorrentes. Porter (1989) afirma que existem duas fontes básicas de vantagem competitiva: a liderança em custos e a diferenciação. Em outras palavras, uma empresa pode obter vantagem competitiva quando cria diferenciação em produtos, serviços e marcas ou então quando consegue operar com menores custos em relação aos concorrentes (ver capítulo 3 – Estratégia competitiva e objetivos empresariais). Em geral, a estratégia de diferenciação leva a empresa a praticar preços mais altos em relação aos concorrentes e a estratégia de liderança em custos permite a prática de preços médios ou mais baixos que os concorrentes.

Uma vez escolhida a fonte de vantagem competitiva, diferenciação ou liderança em custo, é necessário comunicar e fixar a proposta de valor na mente dos clientes, ou seja, deve-se realizar o posicionamento da oferta. Segundo Ries e Trout (2009), posicionamento é o "espaço" que a empresa pretende ocupar no mercado e na "mente" de seus clientes. Para se posicionar, a empresa deve se autointitular como "a que tem o melhor produto", "a mais barata", "a que tem o melhor atendimento" e, se isso for verdade, a imagem será fixada na mente dos clientes, que serão atraídos e fidelizados pela melhor proposta de valor. A Apple oferece maior facilidade de uso, inovação e *design*; a Harley-Davidson oferece motos com mais estilo; a Volvo o carro com mais segurança; e a Disney a maior diversão (ou, segundo eles, mais felicidade). A Volkswagen está entre as maiores montadoras do mundo graças à imagem de confiabilidade e confiança, construída pelo seu histórico de carros de baixo custo de manutenção (qualquer mecânico consertava um fusca ou um gol) e pelas propagandas, como no caso de um anúncio de TV onde afirmava que fabrica "carros mesmo", com *design* clássico que duram muito e não apenas automóveis com "luzinhas coloridas" no painel. Seguindo outra estratégia, o Habib's (rede de *fast-food*) e os supermercados Dia% oferecem o menor preço, com a oferta de bons produtos, mas que não se destacam pelo desempenho superior em relação aos concorrentes.

Verifica-se que o preço desempenha papel fundamental no posicionamento da oferta, agindo como uma referência no posicionamento definido. Por exemplo, em muitas frases de posicionamento, o preço pode ser comunicado: "transporte aéreo de qualidade a preços acessíveis" ou "mais serviços em telefonia pelo menor preço". No Brasil, uma montadora de automóveis coreana afirmou em uma campanha que seu modelo sedã (três volumes) oferece o *design* dos melhores automóveis alemães e o luxo dos ingleses a preços mais baixos que os concorrentes. O posicionamento a ser estabelecido na mente dos consumidores por essa montadora poderia ser "produtos de qualidade superior com menor preço que os concorrentes". É claro que nas situações onde ocorre uma estratégia efetiva de diferenciação, o preço não é mencionado na comunicação, mas o cliente entende que uma oferta superior deve envolver preços mais altos.

Para finalizar, é importante destacar que o posicionamento ocorre não somente por meio da comunicação, mas principalmente da oferta entregue ao mercado. Uma empresa pode afirmar que é melhor em algum atributo ou que oferece menor preço, mas depois deve entregar o que foi prometido. Restaurantes de bairro afirmam ter a melhor pizza e supermercados os melhores preços, mas poucos conseguem cumprir a promessa realizada. O posicionamento será fixado na mente de um cliente somente quando houver coerência entre a comunicação realizada e o valor entregue.

Objetivos e estratégias de preço

A escolha do posicionamento define a estratégia da empresa em relação ao preço. Produtos diferenciados são ofertados, na maioria das vezes, a preços mais altos que os concorrentes e preços baixos ou custo/benefício são praticados por empresas que oferecem produtos mais comuns ou básicos. Uma vez estabelecida a estratégia que define os preços, é necessário definir os objetivos de preços para o portfólio de produtos, ou seja, para os itens e linhas de produto. Segundo Kotler e Keller (2012), os cinco objetivos principais são: sobrevivência, maximização do lucro atual, maximização da participação de mercado, desnatação máxima de mercado e liderança na qualidade do produto.

Quando se encontra em uma situação difícil, seja por fatores de mercado ou concorrência, uma empresa pode buscar a sobrevivência como principal objetivo, baixando o preço de forma a cobrir os custos variáveis e, se possível, os custos fixos, para subsistir durante um curto espaço de tempo. Outras empresas seguem o objetivo de maximização do lucro atual, estabelecendo preços que tragam o máximo lucro corrente, fluxo de caixa ou retorno sobre o investimento. Pressupõe-se que, nesse caso, a empresa ofereça produtos que os clientes realmente desejam e que exista demanda suficiente para que a empresa atinja os objetivos definidos. A maximização da participação de mercado é o objetivo escolhido pelas empresas que acreditam que o maior volume de vendas levará à redução de custos unitários (em função da curva de experiência) e ao aumento dos lucros a médio e longo prazos. Dessa forma, os preços são definidos em patamares médios ou baixos de mercado, considerando que o mercado é sensível a preço. Empresas da área de tecnologia preferem utilizar o objetivo de desnatação máxima de mercado na definição dos preços de seus produtos. Os smartphones, por exemplo, são lançados no mercado com características inovadoras e altos preços, para que somente consumidores com maior capacidade de pagamento possam adquirir o produto, gerando altas margens para a empresa. Conforme os níveis de vendas caem, as empresas reduzem gradativamente os preços, tornando acessível o produto para os consumidores que antes não podiam (ou não queriam) pagar pelo produto, desnatando o mercado até que o preço atinja patamares populares. O último objetivo, de liderança na qualidade do produto, é utilizado por empresas caracterizadas pela oferta de produtos de alta qualidade e *status*, combinados com cobrança de preços altos, mas que ainda são acessíveis aos seus consumidores.

Os objetivos de preço devem ser definidos por linhas ou itens de produto. No portfólio de uma empresa, podem existir produtos com objetivos de maximização de lucros e outros que maximizam a participação de mercado. A fabricante de relógios Swatch, oferece linhas de relógios de plásticos a preços menores e linhas de relógios em alumínio que são vendidos a preços mais elevados. Da mesma forma, a Gillette possui linhas de barbeadores descartáveis de baixo preço e linhas de barbeadores recarregáveis (que trocam as lâminas) a preços mais elevados. Em geral, os objetivos de preço estão alinhados com as estratégias de posicionamento das marcas. A empresa Nike, por exemplo, atua no mercado com a Converse All Star, ofertando produtos mais simples por preços mais acessíveis, e com a linha Nike, com tecnologias e preços, em média, superiores.

Os objetivos de preço e as estratégias a eles relacionadas serão retomados com maior profundidade no capítulo 3 – Estratégia competitiva e objetivos empresariais.

2
O ambiente de negócios

Antes de determinar o preço de um produto ou serviço, profissionais de marketing analisam o mercado, recorrendo a pesquisas e diversas técnicas para melhor conhecer as necessidades e os desejos dos clientes. O significado do preço, as situações de compra e o tipo de envolvimento do comprador são pontos fundamentais para a definição de estratégias de preço mais adequadas a cada tipo de mercado. Esses pontos serão discutidos a seguir.

O significado do preço para o comprador

No mercado, não são raras as situações em que preço alto é injustamente apontado como a principal causa da queda nas vendas. Na empresa, os primeiros a se manifestar são os vendedores. Nas convenções de vendas, os profissionais sugerem que a principal medida a tomar objetivando a conquista de mercado é a redução dos preços. Para justificar tal reivindicação, afirmam: "o comprador diz que o preço está alto", ou "a concorrência oferece menores preços". Surge então a seguinte questão: qual é o significado do preço para o comprador? O que é preço alto ou baixo? Segundo Engel, Blackwell e Miniard (2000), existe uma faixa definida de preço, o chamado preço de referência, que as pessoas esperam pagar por um produto. Essa faixa de preços aceitáveis pode ser resultado de preços verificados ou pagos por esse produto no passado, da percepção do preço de seus componentes e do preço praticado pelos concorrentes e substitutos. Mas os compradores não estão sempre procurando os menores preços ou a melhor razão preço/qualidade; outros fatores, como conveniência ou marca, podem assumir grande importância. Na verdade, mais que discutir o conceito do que é caro ou barato, é importante entender como o cliente percebe o valor da transação.

Durante o processo de compra, o consumidor passa por etapas de compreensão, percepção e julgamento em relação a dois pontos: a oferta da empresa, na forma de produtos e serviços (o benefício que ele está obtendo); e o custo da transação (por exemplo, dinheiro, esforço e tempo). O confronto desses valores gera a percepção do valor total da compra.

Suponhamos que se pergunte aos consumidores se uma calça *jeans* de uma famosa marca italiana, modelo básico, vendida no mercado a $800, seria considerada "cara" ou "barata". Segundo o modelo, as pessoas pensariam primeiramente nos benefícios do produto: *status*, valorização do corpo, atitude, modernidade e ousadia. Depois, considerando o custo, pensariam no que mais seria possível adquirir com essa quantia, comparariam o preço em relação a compras passadas e produtos concorrentes e, o mais importante, levariam em conta o esforço necessário para obter essa quantia e quanto isso representaria em relação à sua renda (ou, no caso de compras de imóveis, em relação ao seu patrimônio total). Como resultado dessa análise, muitos diriam que o preço é alto. Mas outros diriam que, apesar de alto, é muito atrativo, considerando que o preço normal da calça em questão é $1.200. Nesse caso, leva-se em consideração somente o preço estabelecido no passado, e não a média dos preços praticados no mercado de calças *jeans* ou o julgamento de valor em relação à renda média da população. O mesmo raciocínio se aplica à situação de venda empresarial: um serviço de consultoria poderia ser considerado "caro" por uma empresa e "barato" por outra, dependendo dos fatores que afetam o grau de importância que cada uma atribui aos benefícios (percebidos) que esperam receber de cada provedor do serviço bem como de sua referência de preço "justo", o qual tende a ser influenciado por preços pagos por serviços de consultoria no passado. É claro que o julgamento do valor absoluto do preço é importante, mas a verdade é que, mesmo nas situações em que considera alto o preço de uma compra, o comprador pode decidir pela efetivação da transação, desde que o valor ofertado traga os benefícios desejados. Por isso, muitos dizem: "paguei caro, mas valeu a pena".

Na definição do preço, as empresas precisam realizar uma minuciosa análise sobre os diversos tipos de compradores e fatores que determinam suas percepções e contribuem para seu julgamento de valor. O preço, assim como o produto, o canal de distribuição e a comunicação, deve ser trabalhado de forma que o cliente perceba o melhor valor total da compra. Treacy e Wieserma (1995) afirmam que os clientes querem mais aquelas coisas às quais dão valor. Se dão valor ao baixo preço, eles querem o menor. Se dão valor à conveniência ou à rapidez quando compram, eles querem comprar mais fácil e mais depressa. Se buscam a última palavra em *design*, querem ter o mais avançado.

Voltemos ao exemplo do vendedor. Ele deve trabalhar a percepção do comprador comunicando a superioridade de sua oferta, desde que realmente exista e que a diferença no preço seja coerente e justificável. Se tiver sucesso nesse trabalho, mesmo que não venda naquele momento, terá cumprido o seu papel. Afinal de contas, mesmo reconhecendo uma excelente oferta, o cliente tem o próprio julgamento de valor em relação aos custos envolvidos na transação, podendo fechar ou não o negócio. Nesse caso, em vez de simplesmente baixar o preço da oferta, talvez a empresa decida adotar novas estratégias para atingir esse tipo de público – por exemplo, lançar novos produtos, com diferentes ofertas de valor. Essas e outras questões estratégicas serão abordadas com maior profundidade no capítulo 8.

Comportamento de compra do consumidor

O comportamento de compra do consumidor, segundo Kotler e Keller (2012), é influenciado por fatores culturais, sociais, pessoais e psicológicos. A análise desses fatores é fundamental para a definição de preços. Os valores, costumes e crenças transmitidos pela família e a sociedade influenciam a forma pela qual um indivíduo consome um produto e avalia seu preço. Por exemplo, uma criança educada na filosofia da economia de recursos para imprevistos futuros tende a escolher o produto em função, principalmente, do preço. Já outras pessoas valorizam tanto o conforto material e o *status* que acabam adquirindo produtos caros e, não raro, ultrapassam seu orçamento. Da mesma forma, fatores pessoais também interferem nas decisões de compra e, consequentemente, no preço. Pessoas com diferentes idades, ocupações, condições econômicas e personalidades têm necessidades e desejos distintos. Segundo Etzel, Walker e Stanton (2001), estudos realizados em 83 supermercados americanos indicaram que os consumidores com um ou mais dos seguintes atributos provavelmente serão mais sensíveis ao preço: baixa renda, família grande e membro de grupo minoritário. Outro componente importante na análise do comportamento do consumidor é o fator psicológico, pois nem sempre as decisões de compra se baseiam somente em critérios objetivos, podendo depender também de percepções e avaliações preconcebidas. Conforme discutido no tópico anterior, a percepção do valor é fundamental na efetivação de uma compra. Em muitos casos, o próprio preço pode ser considerado um indicativo do valor oferecido pela empresa. Muitos consumidores acreditam que existe uma relação direta entre a qualidade do produto e o preço. Segundo esse raciocínio, quanto maior o preço, maior a qualidade percebida. Churchill e Peter (2012) afirmam que, para melhor compreender os fatores psicológicos envolvidos no preço, além de utilizá-lo como indicador da qualidade do produto, cabe formular as seguintes perguntas:

- Os clientes serão atraídos por preços quebrados, como $0,99 em vez de $1, ou $177,80 em vez de $180?
- O prestígio da marca levaria o cliente a pagar um preço mais alto?

Poderíamos ainda acrescentar a seguinte questão: numa compra, que componentes de valor os compradores buscam? Poderia ser o menor preço ou, então, conveniência, atendimento, diferenciação do produto; ou tudo isso junto, com maior ênfase em alguns fatores em detrimento de outros. A resposta varia de acordo com o perfil do cliente. Esse assunto será detalhado na seção Segmentação de mercado.

Além dos fatores influenciadores, a definição do preço com base no comportamento do consumidor deve ainda considerar o tipo de compra que será realizada. Os processos de compra não são iguais, e a importância atribuída ao preço pelo consumidor pode variar conforme a situação e o tipo de produto. Existem várias classificações para tipos de compra, mas, para efeito de estudo do preço, podemos separá-las em dois tipos básicos: com alto ou baixo envolvimento por parte do cliente. A compra com alto envolvimento geralmente ocorre com produtos de maior valor monetário, como carros, imóveis, computadores, eletrodomésticos da linha branca e outros. O comprador tende a comparar as diferentes ofertas com maior envolvimento. Busca informações mais detalhadas sobre os produtos e serviços oferecidos, percorre mais pontos de venda na pesquisa de preços e realiza análises mais elaboradas em relação ao custo/benefício de cada oferta. Nesse caso, o preço desempenha papel fundamental no comportamento do cliente, determinando seu maior envolvimento, mas isso não significa que a escolha da compra se baseie exclusivamente nessa variável. Ao contrário, por envolver maior dispêndio monetário, uma diferença de preço pode ser aceitável se o produto oferecer maior valor. Por exemplo, numa compra de máquina de lavar roupas, duas concorrentes se destacam: a marca A vendida por $880, e a marca B, por $840. Ambas oferecem os mesmos recursos e têm *design* semelhante. Se o critério fosse exclusivamente o preço, a marca B seria a vencedora. Mas o comprador valoriza a durabilidade da máquina, e durante anos a marca A construiu uma imagem de maior resistência. Apesar do critério subjetivo – já que raramente o cliente tem acesso a dados comparativos no momento da compra –, provavelmente a sua escolha seria a marca A. Portanto, nesse tipo de compra, é importante agregar valores desejados pelo comprador, comunicar os diferenciais da marca e definir o preço que possa gerar melhor relação custo/benefício em comparação com os concorrentes.

Nas compras com baixo envolvimento, o gasto monetário envolvido é menor em relação à renda do comprador. Em geral, são bens de consumo não duráveis, como alguns tipos de alimentos (pão, leite, arroz, refrigerantes, biscoitos, chocolates, salgadinhos) e produtos de higiene e limpeza (papel higiênico, detergente para louça, alvejantes). Novamente, o perfil do comprador determina a importância do preço. Alguns entram numa loja e compram os produtos sem consultar os preços; outros anotam ou memorizam os preços e os utilizam como critério para fazer as compras. Também ocorre um fenômeno interessante: para muitas pessoas, o preço pode ter maior ou menor importância, dependendo do tipo de produto. Quando o produto tem uso frequente ou o comprador o considera uma *commodity*, o preço é facilmente memorizado e assume maior importância; caso contrário, prevalece o valor da oferta, ou seja, o conjunto de benefícios. Por exemplo, o comprador pode reclamar do preço alto de um sabão em pó para roupas na seção de limpeza e adquirir, por impulso, um salgadinho no *check out*, sem comparar preços. Portanto, nas compras com baixo envolvimento é preciso estar muito atento ao tipo de produto e de perfil do comprador, mas pode-se dizer que, na maioria das vezes, por se tratar de compras com baixo valor monetário, o preço perde importância para outros fatores, como disponibilidade (localização do produto) e conveniência (facilidade, conforto e rapidez de acesso).

Entender o mercado, consumidor e organizacional, seu comportamento e envolvimento em relação às diversas situações de compra e sua percepção em relação ao preço é um dos principais desafios enfrentados pelos gestores de marketing na definição do preço. Para obter informações necessárias para esse tipo de estudo, as empresas devem investir em pesquisas junto aos consumidores e organizações, buscando a identificação de padrões e a formação de *clusters* (agrupamentos) que melhor expliquem seus comportamentos, permitindo o desenvolvimento de estratégias e tomadas de decisão mais adequadas ao mercado, descritas no próximo capítulo.

3
Estratégia competitiva e objetivos empresariais

O preço pode ter um caráter tático, representado por manobras de curto prazo e busca de resultado mais imediato, bem como estratégico, refletido, por exemplo, no reforço do posicionamento, na busca da consolidação de parcela de mercado e na seleção de segmentos-alvo. Portanto, as decisões de preço, como, aliás, todas as outras variáveis do marketing *mix*, têm que estar alinhadas e manter coerência com a estratégia competitiva que a empresa decidiu implementar (Dolan, 1995; Dolan e Simon, 1998).

Para entender e classificar a estratégia competitiva de uma empresa, pode-se recorrer a diversos modelos propostos na literatura. Tais modelos procuram apresentar um número limitado de arquétipos estratégicos que capturariam a essência das diversas posturas competitivas da maioria das empresas. Um dos modelos estratégicos mais conhecidos e utilizados nos meios empresarial e acadêmico é o modelo de estratégias genéricas de Porter.

Modelo de estratégias competitivas genéricas

Segundo Porter (1989), uma empresa deve buscar implementar uma das seguintes estratégias (quadro 1), a fim de obter melhor resultado financeiro de longo prazo que seus concorrentes:

- liderança em custos;
- diferenciação;
- enfoque em custo;
- enfoque em diferenciação.

Quadro 1
Estratégias genéricas de Porter

		VANTAGEM COMPETITIVA	
		Custo mais baixo	Diferenciação
ESCOPO COMPETITIVO	Alvo amplo	Liderança em custo	Diferenciação
	Alvo estreito	Enfoque em custo	Enfoque em diferenciação

Fonte: Porter (1989).

As posições de custo relativo e preço relativo possibilitadas por essas estratégias estão genericamente representadas na figura 2.

Figura 2
Custo e preço relativo possibilitado pelas estratégias

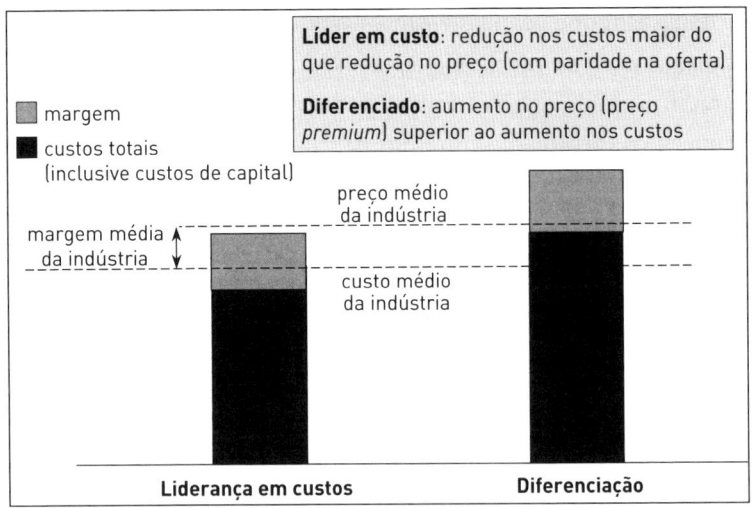

Líder em custo: redução nos custos maior do que redução no preço (com paridade na oferta)

Diferenciado: aumento no preço (preço *premium*) superior ao aumento nos custos

- margem
- custos totais (inclusive custos de capital)

margem média da indústria
preço médio da indústria
custo médio da indústria

Liderança em custos | Diferenciação

Fonte: Adaptado de Chew (2000).

O preço na estratégia de liderança em custos

O ponto central da estratégia de liderança em custos é a empresa fazer com que seu custo total seja menor que o de seus concorrentes. O custo mais baixo funciona como um mecanismo de defesa da empresa contra a rivalidade dos concorrentes, especialmente no tocante a preços. A posição de custo baixo permite que a empresa ainda continue auferindo lucros mesmo quando vários de seus concorrentes já tiveram seus lucros consumidos na competição.

Em geral, a posição de liderança no custo total exige que a empresa domine uma alta parcela relativa de mercado, de modo a garantir-lhe economias de escala, o que pode significar a adoção de uma política agressiva de preços e os consequentes prejuízos iniciais, enquanto não se consolida a parcela de mercado. A liderança em custo também pode derivar de condições, tais como acesso favorável às matérias-primas ou aos canais de distribuição, processos de fabricação eficientes e utilização de uma força de vendas comum para uma ampla linha de produtos.

A empresa que alcançou uma posição de liderança no custo total pode lançar mão de duas políticas básicas de preço:

- preço ligeiramente mais baixo que o da concorrência, visando conquistar maior fatia do mercado e diluir ainda mais os custos fixos; obter redução nos custos variáveis, graças à aceleração do aprendizado com o maior volume acumulado; e aumentar seu poder de negociação com os fornecedores;
- preço em paridade com o da concorrência, para ganhar na margem unitária.

Eventualmente, a empresa pode praticar preços bem mais baixos que os da concorrência, mas deve tomar cuidado para que seu produto não seja percebido como de qualidade inferior, a menos que esta seja uma opção explícita da empresa.

Do ponto de vista da demanda, a prática de um preço mais baixo faz mais sentido quando os consumidores são sensíveis ao preço e, portanto, comprariam mais a um preço mais baixo. Do ponto de vista de custos da empresa, um volume maior de vendas pode se traduzir em reduções adicionais de custos (produção, logística, propaganda e promoção, pesquisa e desenvolvimento, entre outros) quando estes são sensíveis à escala. É interessante notar que a prática de um preço mais baixo quando do lançamento de um novo produto pode ser o caminho para se chegar a uma parcela de mercado maior e, por meio de ganhos de escala e de aprendizado, atingir uma posição de custos mais baixos que os futuros concorrentes. Há que tomar cuidado, contudo, para evitar que inadvertidamente a demanda supere a capacidade de produção da empresa, tornando necessário mais investimentos, ou seja, custos adicionais. Do ponto de vista da concorrência, a redução de preços como forma de ganhar mercado faz sentido quando os custos de mudança dos consumidores e sua fidelidade aos concorrentes são baixos, ou seja, eles podem estar mais propensos a mudar por um preço mais baixo.

No setor de balas e confeitos, os consumidores são relativamente sensíveis ao preço e tendem a buscar o produto mais barato na maioria de suas decisões de compra. As eventuais exceções poderiam ser atribuídas ao fato de haver, no caso desse produto, certa tendência a buscar variedade entre uma compra e outra, de modo que em algumas ocasiões os consumidores aceitariam pagar um pouco mais caro para experimentar um produto com o qual têm pouca familiaridade. Quando o consumidor é sensível a preços, a empresa líder em custo poderá cobrar um preço mais baixo que o de seus concorrentes e ganhar no volume. Como consequência, seus custos unitários poderão diminuir ainda mais, haja vista que a produção e a distribuição de balas e confeitos exibem economias de escala – quanto mais se produz, menores os custos unitários. Por outro lado, os concorrentes, mesmo que não tenham custo tão baixo, poderão reagir em preço, como forma de não perder vendas – e o resultado pode ser desastroso para todos os concorrentes, em especial se o aumento total das vendas não compensar a redução na margem unitária de lucro. Esta relação entre preço mais baixo e maior quantidade comprada, contudo, é mais característica do padrão de compra de classes com menor poder aquisitivo. Como balas e confeitos são produtos de baixo valor monetário, os consumidores mais abastados tenderiam a não dar tanta importância ao preço – em especial porque a variação de preço entre os concorrentes não é significativa. Dessa forma os consumidores tenderiam a escolher as marcas mais conhecidas ou preferidas.

Já num mercado como o de cervejas para o público A e B, onde os consumidores são bastante fiéis às suas marcas preferidas, uma empresa que tenha conseguido desenvolver uma estrutura de custos mais baixos que a de seus concorrentes não deveria praticar um preço mais baixo, por duas razões: em primeiro lugar, boa parte dos consumidores de outras cervejas não trocaria sua marca predileta; segundo, uma redução de preço seria eventualmente interpretada como queda na qualidade, o que reduziria as vendas, podendo também levar a reduções de preço além do que a empresa se disporia a praticar.

O preço na estratégia de diferenciação

A estratégia de diferenciação pressupõe que a empresa ofereça, no âmbito de toda a indústria ou para uma parcela significativa dos consumidores, um produto que seja considerado único, ou seja, cujas características o distingam daqueles oferecidos pela concorrência. A diferenciação oferece à empresa uma defesa contra as forças do ambiente, embora de forma diferente daquela propiciada pela liderança em custo. A fidelidade e a diminuição da sensibilidade ao preço – isto é, clientes dispostos a pagar mais para terem um produto que a seu ver atende melhor às suas necessidades – isolam, em maior ou menor grau, a empresa da rivalidade de seus concorrentes.

Considerando que a diferenciação pode permitir à empresa cobrar um preço prêmio e desde que este cubra os eventuais custos adicionais aí envolvidos (por exemplo, pesquisa e desenvolvimento, qualidade dos insumos, melhor nível de serviço, maior esforço de propaganda), ela terá maior margem que seus concorrentes, tornando-se assim menos vulnerável à pressão das forças do ambiente.

A empresa que oferece um produto diferenciado pode optar entre duas políticas básicas de preço:

- preço mais alto que o da concorrência (preço prêmio) para ganhar na margem unitária;
- preço em paridade com o da concorrência para ganhar no volume e diluir os custos mediante ganhos de escala e compartilhamento de atividades e recursos, quando os processos de produção e venda assim o permitirem.

Em ambas as situações, a empresa que oferece um produto diferenciado pode também tirar proveito da maior fidelidade de seus consumidores.

É de especial importância um tipo de diferenciação que reduza o custo de utilização pelo comprador, especialmente no caso de compradores organizacionais. Por exemplo, um equipamento que tenha menores custos de manutenção ou menor probabilidade de falha pode ter seu preço mais elevado, pois o comprador entenderá que, ao longo do tempo, esse maior desembolso inicial será compensado pela redução dos custos de operação ou pelo aumento de sua receita.

Conforme as características da demanda e do ambiente, podem variar as políticas de preços mais apropriadas à empresa que ofereça um produto diferenciado. Se o comprador for sensível a preços, então ele poderá abrir mão dos benefícios do produto diferenciado e decidir adquirir outro cujo preço seja menor. Nesse caso, é melhor cobrar preços semelhantes aos dos concorrentes e ganhar no volume, uma vez que se costuma dar preferência ao produto diferenciado quando este é vendido em paridade de preço com os da concorrência. Vale lembrar que, como vimos no capítulo 2, a sensibilidade ao preço depende do tipo de produto, da facilidade para julgar valor e para comparar com ofertas alternativas, das situações de compra e de uso, bem como das condições econômicas do público-alvo, entre outros fatores. Do ponto de vista dos custos da empresa, se estes forem sensíveis à escala de produção, então é arriscado cobrar um preço mais alto num mercado sensível ao preço porque, se as vendas caírem, diminuirá a escala de produção e, portanto, aumentarão os custos unitários da empresa.

Tais circunstâncias parecem presentes, por exemplo, na indústria de xampus, onde os consumidores são sensíveis ao preço e existem ganhos de escala na produção e na distribuição, bem como em propaganda e pesquisa.

Por outro lado, quando a diferenciação do produto ou serviço advém de aspectos como imagem ou prestígio, então é importante manter um diferencial de preço a fim de reforçar a diferenciação. O mesmo se dá quando o produto é percebido como de qualidade superior, mas o consumidor tem dificuldade de verificar objetivamente tal superioridade; assim, um preço mais alto serviria para confirmar essa suposta qualidade. Tal é o caso, por exemplo, da decisão de compra de serviços de consultoria e de cirurgias plásticas embelezadoras.

O preço na estratégia de enfoque

A estratégia de enfoque baseia-se no fato de que algumas empresas serão capazes de atender melhor o seu alvo estratégico do que os concorrentes que buscam atender toda a indústria ou vários segmentos dela. O alvo ou escopo estratégico deve ser suficientemente estreito para que a empresa possa atendê-lo mais eficientemente ou mais eficazmente que os concorrentes. Tal alvo pode ser definido considerando-se diversas dimensões: tipo de clientes, linha de produtos, variedade de canal de distribuição, área geográfica e situações de consumo, entre outras. O alvo estreito pode ser atendido por meio de uma posição de custo mais baixo ou de uma posição de diferenciação, mesmo que a empresa não seja capaz de manter uma dessas posições em relação ao mercado como um todo.

Um enfocador, ou seja, uma empresa que adote uma estratégia de enfoque, pode aproveitar uma oportunidade de se diferenciar por preço, especialmente nos casos em que o líder da indústria fixa seus preços com base nos custos médios, e não no custo específico de cada conjunto produto-comprador, o que pode levá-lo a cobrar preços mais altos do que seria necessário em alguns segmentos e mais baixos em outros. O enfocador desafiante pode, então, oferecer preços mais baixos aos segmentos que vinham pagando preço mais elevado.

A empresa que conseguiu se tornar uma enfocadora em custos – isto é, apresentar custos mais baixos que os concorrentes num determinado segmento produto-cliente – pode optar entre cobrar preços semelhantes aos da concorrência e ganhar na margem unitária, ou cobrar preços mais baixos e ganhar no volume. As características da demanda e o comportamento dos custos, bem como as reações dos concorrentes e dos clientes, definirão a estratégia mais indicada.

No caso de a empresa ser uma enfocadora diferenciada, ela pode cobrar preços semelhantes aos da concorrência e ganhar no volume

ao se tornar a opção preferida dos compradores no seu segmento-
-alvo, ou então cobrar um preço mais alto e ganhar na margem
unitária. Há que tomar cuidado para não se cobrar um preço
considerado alto demais, sob pena de os compradores sacrificarem
alguns atributos da diferenciação e migrarem para concorrentes
de preços mais baixos.

Sinalização de preços e de valor

Desde que disponha de recursos financeiros para suportar uma
redução nos lucros por certo período, uma empresa pode consolidar uma prática de retaliação contra novos concorrentes por meio
de cortes de preço. Esse comportamento poderá desestimular a
entrada de futuros desafiantes. A esse procedimento dá-se o nome
de sinalização de preço.

A sinalização de preço também está presente quando as empresas, em geral varejistas, divulgam mensagens como "duvidamos
que alguém venda mais barato", "o menor preço ou a diferença de
volta", ou "cobrimos qualquer oferta da concorrência". O intuito
dessas empresas é construir uma imagem de preço baixo na mente
dos consumidores, em segmentos sensíveis ao preço, de tal modo
que se tornem sua opção preferencial de compra. Muitas vezes o
consumidor se dispõe a verificar se essa imagem de preço baixo
corresponde à realidade. Então, as empresas costumam oferecer
com desconto alguns itens de recompra frequente cujo preço o
consumidor geralmente conhece, como, por exemplo, uma determinada marca de refrigerante ou de cerveja, ou mesmo o conhecido
pãozinho.

É interessante notar que a preservação da imagem de preços
baixos na mente do consumidor não exige que o varejista pratique
um preço mais baixo que *todos* os seus concorrentes em *todos* os

produtos – basta fazê-lo com relação a alguns concorrentes mais relevantes ou marcas mais conhecidas. Além disso, mensagens do tipo "cobrimos qualquer oferta da concorrência" servem para sinalizar aos concorrentes que, se eles reduzirem seus preços, o varejista que prometeu preços mais baixos – geralmente o grande *player*, com maior fôlego financeiro – vai reduzir também os seus, o que poderá levar a uma competição de preços desastrosa para todos. O resultado é que nenhum concorrente provavelmente se arriscará a realizar reduções significativas de preço.

Já a sinalização de valor tem a ver com a maneira pela qual a empresa pode influenciar os consumidores a pagarem mais caro pelo produto. Os compradores pagarão pelo valor percebido, isto é, os benefícios que eles percebem no produto ou serviço, e não pelo valor real, representado pelo conjunto de benefícios que efetivamente lhes é oferecido, pois este é, muitas vezes, difícil de avaliar (figura 3).

Figura 3
Valor percebido e valor real

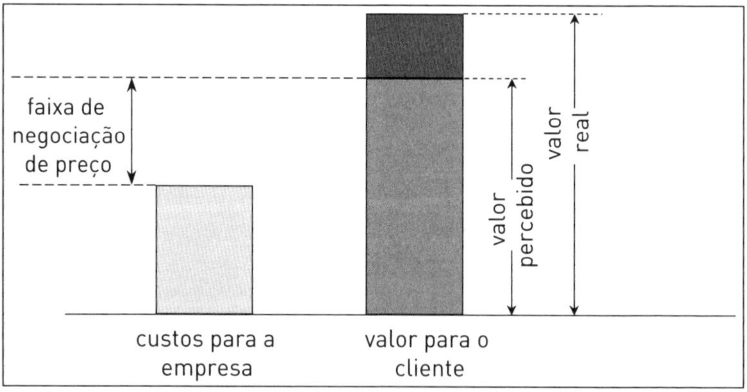

Fonte: Adaptado de Porter (1989).

Portanto, a empresa só poderá cobrar um preço mais alto se os clientes perceberem um valor maior, o que obviamente é possível conseguir com uma comunicação melhor (por exemplo, propaganda e vendedores) dos benefícios que o produto oferece.

Mas isso nem sempre basta, pois os benefícios, mesmo que divulgados, talvez sejam difíceis de validar. Diversos critérios podem, então, servir como indicadores de valor para os clientes, como marca, aparência das instalações e do vendedor e tipo de embalagem. A sinalização de valor será tão mais importante quanto mais difícil for para os consumidores discernir claramente as diferenças e as semelhanças entre produtos concorrentes.

Os consumidores poderão ter dificuldade de estimar o valor de um determinado produto ou serviço se for difícil compreender todas as vantagens e benefícios que o mesmo lhes trará, ou se for difícil prever todos os outros custos futuros, incluindo custos de inconveniência ou de falhas, que poderão advir de sua utilização. Por isso os consumidores se utilizam, conscientemente ou não, de sinais que funcionam como indicadores de valor.

A necessidade de sinais é maior quando os benefícios são difíceis de ser avaliados previamente – por exemplo, quando o produto ou serviço é complexo e seu resultado muito subjetivo, ou quando o consumidor está diante de uma decisão de alto risco em que ele não tem confiança na própria capacidade de avaliação, como no caso de uma cirurgia, ou quando o comprador é inexperiente ou a recompra é pouco frequente (Porter, 1989; Rocha et al., 2012). No caso específico de serviços, por causa de sua característica de intangibilidade, o uso de sinais para indicar o valor é particularmente importante. Por exemplo, em serviços de consultoria ou advocacia, a postura e os trajes dos prestadores pesam na avaliação do comprador.

Entre as diversas formas de sinalizar valor, como propaganda, embalagem, peso e visual externo do produto ou aparência dos empregados e das instalações, o preço frequentemente é mais um elemento que serve para confirmar a qualidade e realçar a imagem no processo mental de avaliação pelo consumidor.

Objetivos da empresa

Os métodos de definição dos preços a serem praticados pela empresa devem estar alinhados com os objetivos de estabelecimento de preço, os quais, por sua vez, devem refletir os objetivos maiores da empresa. Por exemplo, se a empresa pretende se tornar líder de mercado numa determinada região, então os preços aí praticados devem ser relativamente baixos e se fazer acompanhar de uma política de descontos para os canais de distribuição.

As empresas que enfrentam concorrência acirrada e ainda não encontraram um posicionamento firme no mercado podem optar por fixar seus preços relativamente baixos, visando apenas cobrir os custos variáveis e a maior parte dos custos fixos, enquanto buscam uma forma de adequar seus produtos às necessidades do mercado e às características dos canais de distribuição e da concorrência. Naturalmente, esse objetivo de sobrevivência deve ser um objetivo de curto prazo, visto que no longo prazo a empresa deve ser capaz de estabelecer uma posição competitiva favorável ou, então, descontinuar ou vender essa linha de produtos, mesmo porque as consequências para a imagem de uma empresa que pratica uma política de preço baixo durante muito tempo podem impedi-la de desenvolver futuramente outra estratégia, baseada em diferenciação.

Embora o agrupamento de objetivos de preço em categorias seja relativamente arbitrário, apresentamos a seguir possíveis objetivos e suas implicações (Kotler e Keller, 2012; Sardinha, 1995).

Maximização da lucratividade

Nesse caso, a empresa pode estimar as curvas de demanda em função da sensibilidade a preço (no capítulo 7 veremos com mais detalhes a construção e o uso de curvas de demanda) e, de posse das informações sobre seus custos fixos e variáveis, estabelecer o preço que lhe daria maior lucro ou retorno sobre o investimento.

Por definição, o lucro é uma função de receitas e custos:

| Lucro | = | Receitas | − | Custos |

As receitas são determinadas pelo preço unitário e o número de unidades vendidas:

| Receitas | = | Preço | x | Quantidade vendida |

Os custos podem ser divididos em custos *fixos* e custos *variáveis*, lembrando que os custos variáveis totais dependem do total de unidades vendidas:

| Custos totais | = | Custos fixos totais | + | Custos variáveis totais |
| Custos variáveis totais | = | Custo variável unitário | x | Quantidade vendida |

Ou seja,

| Lucro = (Preço − Custo variável unitário) × Quantidade vendida − Custos fixos totais |

Assim, a empresa aumentaria seu preço até o ponto em que um novo acréscimo acarretasse queda desproporcionalmente significativa nas vendas e, por conseguinte, redução nos lucros.

Contudo, nem sempre é simples estimar acuradamente a sensibilidade dos consumidores ao preço, tampouco conhecer com precisão a reação da concorrência. Além disso, um objetivo de lucro máximo no curto prazo pode ser incoerente com os objetivos mais amplos de liderança de mercado ou conquista de determinado nicho, por exemplo.

Por outro lado, quando uma indústria entra na fase de declínio (queda no valor absoluto das vendas, sem perspectiva de recuperação a curto ou médio prazo) e a empresa decide retirar-se, uma política de maximização da lucratividade no *curto prazo* faz sentido. A empresa pode, por exemplo, deixar de investir em propaganda e em serviços, ou mesmo em manutenção das instalações e treinamento dos funcionários, ao mesmo tempo que corta os descontos e outras promoções, tudo para conseguir aumentar a diferença entre preço e custos. É importante, no entanto, que a empresa entenda as consequências para sua reputação e seu relacionamento com os segmentos de clientes, em especial se ela tiver interesses em outras indústrias onde atenda aos mesmos clientes.

Maximização do faturamento

O objetivo de maximização do faturamento é mais fácil de ser definido, uma vez que não é necessário considerar a curva de custos, apenas a de demanda. É também mais simples de ser implementado, desde que a força de vendas seja comissionada em função do faturamento. Contudo, ao contrário do que muitos gerentes pensam, nem sempre a maximização do faturamento leva à maximização dos lucros ou da participação no mercado.

Maximização da participação de mercado

Várias empresas buscam o crescimento nas vendas e, por consequência, na parcela de mercado não só para aumentar futuramente o seu poder de barganha com fornecedores e compradores, mas também para reduzir os custos unitários de produção, distribuição, propaganda e força de vendas, entre outros. Tal premissa somente é válida sob certas condições: os consumidores são sensíveis ao preço e, portanto, um preço mais baixo estimularia um aumento proporcionalmente maior nas vendas; existem ganhos de escala e de escopo na produção, distribuição, propaganda, ou seja, produção e vendas maiores significam custos unitários menores; e um preço mais baixo desencorajaria possíveis novos entrantes.

Uma forma de conciliar os dois objetivos de volume e lucro é definir um objetivo de lucro mínimo e, a partir daí, procurar expandir as vendas, desde que respeitado esse patamar mínimo de lucro. A filosofia por trás dessa decisão é que, no longo prazo, o aumento no volume é mais importante para a posição competitiva da empresa do que um simples incremento nos lucros de curto prazo. Se a empresa tiver recursos financeiros suficientes, poderá arcar com margens iniciais baixas ou mesmo negativas enquanto constrói uma posição mais sólida no mercado.

Vários estudos já sugeriram que uma parcela maior de mercado resulta em maiores lucros. De certa forma, muitos executivos ainda parecem acreditar nessa falácia. Na verdade, tal raciocínio somente é válido em determinadas circunstâncias, como as citadas. Estudos mais recentes demonstram que uma variável nem sempre leva à outra. Na prática, vários fatores que contribuem para um aumento da parcela de mercado, tais como qualidade superior ou melhor reputação, também contribuem para um aumento nos lucros, não sendo, portanto, o aumento da parcela de mercado a causa direta do aumento dos lucros. A busca a todo custo de uma parcela maior de mercado não serve, portanto, como receita geral para lucros maiores. No capítulo 5, veremos com maiores detalhes a relação custo/volume/preço/lucro.

Há, no entanto, uma circunstância especial, a existência de produtos cativos, em que se justifica buscar o aumento das vendas de um produto para conseguir aumentar a venda de outro. Veja-se, por exemplo, o serviço telefônico. Ele é cativo na medida em que é obrigatoriamente contratado com a operadora à qual o comprador adquiriu o aparelho. Assim, uma companhia telefônica pode se dispor a suportar uma margem muito baixa na venda dos aparelhos, ou até mesmo um pequeno prejuízo, somente para poder contar com a receita decorrente do uso futuro do serviço, o que é especialmente verdade nos planos pós-pagos de celulares, em que há uma garantia mínima de receita pré-contratada. O mesmo se aplica à venda de elevadores, na qual se espera que o prédio contrate o serviço de manutenção do próprio fabricante, embora não esteja obrigado a isso.

Acompanhamento da concorrência

Ao praticar uma política de preços que siga de perto aqueles estabelecidos pelo líder ou por outro concorrente-referência, a empresa estará evitando uma competição por preços ao tirar a importância deles como fator de decisão de compra, levando o consumidor a considerar outros aspectos do produto ou serviço. Contudo, as empresas que têm desvantagem de custo – seja por disporem de uma tecnologia menos eficiente, seja por acesso desfavorável aos canais de distribuição ou às matérias-primas, seja por qualquer outra circunstância – encontrariam dificuldades em acompanhar o líder, caso este pratique preço baixo, cabendo-lhes, portanto, enfatizar outros atributos do produto, a fim de tornar os consumidores menos sensíveis ao preço.

Aumento do prestígio

Uma política deliberada de preços altos pode servir para criar uma imagem de qualidade superior ou de exclusividade e *status*, como é o caso dos relógios Rolex e dos automóveis Ferrari, para citar apenas alguns exemplos. O preço desses produtos nada tem a ver com seus custos de produção ou com objetivos de volume. Obviamente, a manutenção de uma reputação de prestígio deve ser constantemente reforçada pelos demais componentes do marketing *mix*, ou seja, as decisões sobre produto (qualidade, *design*, atributos), promoção (propaganda não maciça, força de vendas especializada e exclusiva) e distribuição (estabelecimentos especializados).

Desnatação máxima de mercado

Este objetivo de preço faz sentido para produtos inovadores, em que haja segmento de clientes muito ávidos por novidades e dispostos a pagar mais caro, até para se destacar em seu grupo social. Contudo, uma vez atendida esta demanda, as empresas podem ter interesse em vender seu produto a outros segmentos de clientes mais sensíveis a preço. Elas podem, então, reduzir o preço gradativamente (política de desnatação sequencial) uma vez que o impacto de ser novidade já tenha passado.

Liderança na qualidade do produto

Quando existe associação entre preço e qualidade, ou seja, quando os compradores têm dificuldade para, antes da compra/uso, julgar a qualidade de um produto ou serviço e utilizam o preço como um indicador do nível de qualidade, as empresas podem optar por cobrar preços mais altos (mas, ainda assim, acessíveis) como forma de comunicar a melhor qualidade (e, por vezes, até mesmo o *status*). Naturalmente, é necessário que o produto efetivamente possua qualidade suficientemente aceitável; caso contrário, o comprador poderá perceber, ao longo do uso, que foi enganado.

Sobrevivência de curto prazo

Durante fases turbulentas, a empresa pode optar por simplesmente recuperar, em parte ou na totalidade, seus custos e, se possível, realizar um pequeno lucro enquanto aguarda melhores condições – por exemplo, que a demanda se consolide, a tecnologia se estabilize ou alguns concorrentes abandonem a indústria. Naturalmente, deve-se estabelecer um prazo para que a situação se torne mais favorável, pois do contrário corre-se o risco de acumular prejuízos que nunca serão recuperados. Caso a empresa julgue que as condições desfavoráveis se prolongarão, talvez seja preferível traçar um plano para abandonar a indústria, obviamente levando em conta todos os custos de desativação de instalações, rescisões de contratos, impactos na reputação da empresa, além de outras consequências.

4
Influência dos fatores mercadológicos na decisão de preços

Quando o assunto é preço, muitos são os fatores ligados ao mercado que devem ser considerados. Na prática, muitos preços ainda são definidos sem que se considerem as mudanças do mercado, os concorrentes, os tipos de mercados e, principalmente, as estratégias de marketing definidas pela empresa. Por exemplo, no Brasil, em muitas lojas de roupas, padarias e supermercados, o preço é resultado da negociação com fornecedores e da simples aplicação de um fator multiplicador, de origem muitas vezes desconhecida, sobre o preço de aquisição dos produtos. Mas não deveria ser assim. Segundo Sardinha (1995), a determinação do preço requer cuidadosos estudos do mercado, da concorrência e de fatores internos e externos à empresa, de modo a resultar num valor coerente com a estratégia de marketing. Nas próximas seções serão apresentados e discutidos alguns dos fatores ligados ao mercado que devem ser considerados na definição do preço.

Influência do macroambiente

O macroambiente é formado pelo conjunto dos fatores externos à empresa que atuam sobre a estrutura da indústria e o comportamento dos clientes. A seguir, veremos como os fatores macroambientais influenciam a determinação do preço.

Ambiente demográfico

Os profissionais devem estudar as características da população: crescimento populacional, taxa de natalidade, renda, tamanho das famílias e distribuição de faixa etária. Podem, assim, prever com maior exatidão o nível da demanda, os tipos de produtos e preços a serem praticados em cada região. Para tanto, podem recorrer a instituições governamentais (por exemplo, o IBGE) e privadas que realizam regularmente pesquisas sobre os dados demográficos em todo o país. Ultimamente têm surgido empresas de *geomarketing*, que realizam estudos sociodemográficos sob medida para os clientes. Uma dessas empresas realizou um estudo para a implantação de um *shopping center* na região do ABC (grande São Paulo), analisando a distribuição geográfica dos clientes e o potencial de compra de cada bairro, de modo a contribuir para a definição do tipo de loja e das faixas de preço mais convenientes ao empreendimento.

Ambiente tecnológico

O avanço tecnológico altera o comportamento do consumidor e a estratégia das empresas. A cada dia surgem novos produtos, com recursos inovadores que atraem os clientes. Alguns valorizam tanto as novidades que estão dispostos a pagar um preço mais alto para serem os primeiros a possuir uma nova tecnologia. Veja-se, por exemplo, o setor de telefonia celular: os aparelhos mais modernos são lançados a preços altos, oferecendo visibilidade à nova tecnologia e *status* para quem os adquire. Depois de apenas alguns meses, a mesma tecnologia é usada em aparelhos com preços mais acessíveis. Isso ocorre, com maior ou menor velocidade, nos demais setores do mercado. No caso das indústrias de manufatura, as novas tecnologias ajudam a diminuir custos e aumentar a produtividade, mas também facilitam a entrada de novos concorrentes.

Ambiente econômico

Os fatores econômicos influenciam diretamente a renda e o poder de compra dos clientes. Em momentos de recessão econômica, a renda média e a poupança diminuem, e o endividamento aumenta. Nesse contexto, as empresas alteram produtos e oferecem preços mais baixos. Em situações mais favoráveis de crescimento é possível elevar investimentos e ampliar a oferta de produtos com maior valor agregado. Principalmente em populações de baixa renda, os aspectos positivos da economia alteram o nível de compras, aumentam o consumo de produtos alimentares considerados supérfluos, como biscoitos, refrigerantes, salgadinhos, e de bens de consumo duráveis, principalmente por vendas a crédito – por exemplo, 10 vezes "sem juros".

Ambiente ecológico

Com a intensa poluição e destruição dos recursos naturais, há uma valorização dos aspectos naturais por parte de diversos segmentos de consumidores e também de empresas em suas decisões de compras de bens e serviços. Aumenta a consciência ecológica dos consumidores, forçando as empresas a adotarem estratégias e ações ecologicamente corretas. Surge então o posicionamento "verde" como diferencial, gerando produtos com ingredientes naturais e marcas ligadas a projetos de despoluição e de preservação de recursos ambientais. Ações como essas tendem a gerar custos, que podem ser repassados para os preços na expectativa de que compradores mais sensíveis a questões ambientais prefiram adquirir produtos ou serviços daquelas empresas mesmo a preços mais altos. Muitos consumidores preferem adquirir produtos de empresas que não agridem a natureza, e até aceitam pagar um pouco mais por isso; muitas empresas e governos já têm políticas de compras que privilegiam a aquisição de bens e serviços cuja produção, uso e descarte preservem os recursos naturais e o ambiente ecológico. Já outros consumidores e empresas não aceitam pagar mais por esse motivo; nesse caso, as empresas vendedoras podem manter a paridade de preços com os concorrentes e apresentar as características naturais ou ações ecológicas como benefícios adicionais, na expectativa de atrair um número maior de clientes. No Brasil, a empresa Natura é um bom exemplo da utilização do "posicionamento verde" como diferencial.

Ambiente político-legal

São vários os fatores políticos e legais que interferem no preço. Os governos impõem regulamentações e certo monitoramento de preços em alguns setores, como telefonia, energia elétrica ou medicamentos de uso continuado. O Código de Defesa do Consumidor estabelece padrões e regras atinentes à produção, a certas características de produtos e serviços e à qualidade de atendimento ao cliente, o que tende a gerar custos e influenciar os preços. Alguns governos municipais e estaduais também criam incentivos fiscais para atrair novos negócios, afetando a estrutura competitiva de muitos setores. Uma empresa localizada em região com menor carga tributária poderia praticar preços menores que os concorrentes, gerando um desequilíbrio competitivo no mercado.

Ambiente sociocultural

A estrutura social e a cultura influenciam os hábitos de compras das pessoas. Muitas vezes, as pessoas não compram produtos somente para satisfazer a si mesmas, mas também para demonstrar *status* e obter reconhecimento social. Nesses casos, mais que a utilidade real, o que realmente conta são os atributos simbólicos e de prestígio, inclusive o preço alto, se associado a *status* e imagem. Em toda sociedade há símbolos de *status* diferentes que determinam a valorização ou não de um produto. A Montblanc é uma marca reconhecida pela qualidade e sofisticação de seus produtos. Muitos executivos adquirem suas canetas mais em função do prestígio que a marca transmite do que pelo melhor desempenho ou pelas inovações técnicas oferecidas. Os valores e atitudes das pessoas também variam de acordo com a cultura. No Brasil, por exemplo, principalmente nas classes média e alta, não é comum o hábito de pechinchar. Por isso as lojas devem orientar os vendedores a tomarem a iniciativa de fornecer informações sobre os descontos e formas de pagamento que a loja oferece.

Ciclo de vida do produto

O conceito de ciclo de vida do produto (CVP) é utilizado como uma referência no estudo do comportamento dos produtos no mercado ao longo do tempo. Segundo o modelo, a maioria dos produtos passa por quatro fases: introdução, crescimento, maturidade e declínio (figura 4). Em cada fase, o mercado e a atuação da concorrência determinam os objetivos e estratégias de marketing a serem traçados. Como no restante do marketing *mix*, as estratégias de preço variam de acordo com a fase do CVP.

Figura 4
Ciclo de vida do produto

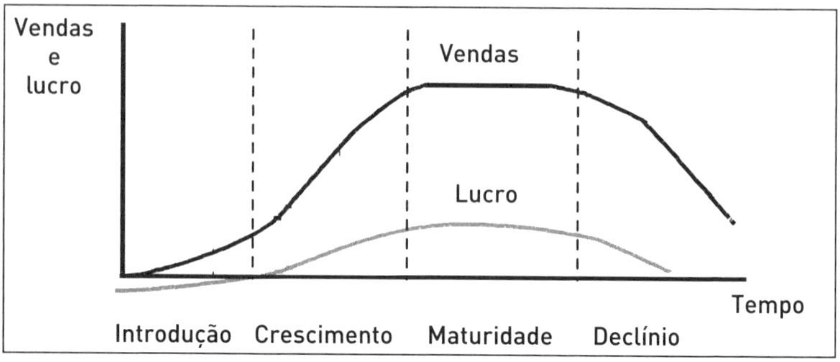

[Gráfico mostrando curvas de Vendas e Lucro ao longo do Tempo, com as fases: Introdução, Crescimento, Maturidade, Declínio]

Fonte: Adaptado de Kotler e Keller (2012).

Fase de introdução

Um produto foi lançado e a empresa deve criar a consciência sobre a sua existência e promover a experimentação. A sensação de novidade e exclusividade atrai consumidores com perfil inovador, que aceitam pagar o preço inicial, geralmente elevado. Mesmo assim, os lucros tendem a ser baixos ou negativos por causa dos altos investimentos em distribuição, comunicação e promoção, além dos baixos volumes de vendas e produção. Essa situação é a mais comum, mas outras estratégias de preço e volume podem ser utilizadas, criando situações distintas. Esse assunto, que envolve a definição do preço para novos produtos, será abordado com maior profundidade no capítulo 8.

Com frequência, a principal barreira à aquisição de um novo produto ou serviço não é o preço (alto) em si, mas o desconhecimento sobre a existência da oferta ou a incerteza sobre os seus benefícios ou sobre os eventuais riscos envolvidos.

Fase de crescimento

A demanda pelo produto/serviço do setor cresce (ou seja, mais consumidores ou empresas começam a adquirir o produto/serviço) e a concorrência tende a aumentar, em particular se as barreiras à entrada forem baixas. Buscando maior participação no mercado, muitas empresas promovem melhorias no produto e lançam novos modelos. A depender da relação entre aumento da demanda do setor e aumento da oferta, pode haver crescimento do volume de vendas de cada empresa, o que tende a reduzir os custos unitários, em função de economias de escala e de experiência acumulada. Contudo, com o tempo, o preço tende a cair à medida que a concorrência cresce, os custos unitários de produção diminuem e os compradores ficam mais sensíveis a preço, tendo em vista seu conhecimento de preços de referência e o fato de que o produto deixou de ser novidade. No entanto, caso as preferências da demanda não sejam homogêneas, uma empresa pode direcionar sua oferta para determinados segmentos específicos de clientes e, assim, se proteger da concorrência predatória.

Fase de maturidade

Há uma redução ou mesmo estabilização na taxa de crescimento da demanda e a concorrência fica acirrada. Com isso, os preços tendem a cair com o passar do tempo. As líderes de mercado trabalham com altos volumes e baixos custos, enquanto outras ocupam segmentos e nichos específicos. Nessa fase, algumas empresas lançam novas versões de produtos com o objetivo de conquistar novos clientes. Nesse caso, desde que as melhorias o justifiquem, pode haver até mesmo um incremento no preço. De forma geral, contudo, na fase de maturidade é difícil aumentar o preço, devendo as empresas buscar maior eficiência operacional (redução de custos sem prejuízo dos atributos oferecidos) como forma de se manterem competitivas.

Fase de declínio

A demanda pelos produtos do setor diminui, seja por causa da obsolescência e substituição tecnológica ou das mudanças nas necessidades e preferências dos clientes. Grande parte das empresas reduz a variedade de produtos e baixa o preço, ou simplesmente interrompe a produção. Outras encontram nichos específicos e mantêm os preços. O fogão a lenha, por exemplo, ainda persiste, sendo vendido principalmente para pessoas da zona rural que ainda veem o produto como alternativa mais econômica que o fogão a gás.

O modelo de ciclo de vida do produto (CVP) apresenta algumas limitações, entre as quais podemos destacar o fato de que os produtos, ao contrário dos seres vivos, não apresentam fases com sequência e duração bem definidas. O tempo de permanência dos produtos em cada fase varia consideravelmente, e muitos profissionais têm dificuldade de definir em que fase do ciclo de vida se encontra um determinado produto. Por isso o modelo do CVP não deve ser utilizado como ferramenta de previsão, e sim como modelo de referência.

Análise da concorrência

Quando falamos em análise da concorrência, logo nos vêm à mente as pesquisas de preço dos concorrentes. Conhecer os preços dessas empresas é fundamental, mas a análise deve ser iniciada de forma mais ampla, com o entendimento da estrutura da indústria em que o produto ou serviço se insere. Em outras palavras, primeiro devemos estudar como estão organizados os produtores de bens e serviços de um determinado mercado – concorrentes diretos e indiretos – e verificar como essa estrutura pode influenciar as políticas e estratégias de preço. A seguir apresentamos as principais estruturas industriais.

Monopólio

No monopólio predomina um único fornecedor de determinado produto ou serviço, não havendo nenhum substituto próximo. No caso de mercados dominados por empresas públicas ou concessões, governos ou as agências reguladoras tendem a limitar a liberdade da empresa para estabelecer preços, os quais, na maioria das vezes, refletem acordos de remuneração justa do capital investido, desde que atendidas as exigências mínimas de qualidade e de prestação de serviços aos consumidores. Smith e Grimm (1987) afirmam que, num ambiente regulado, as empresas têm pouco incentivo para se tornar mais eficientes ou mais voltadas para as necessidades dos consumidores porque, se reduzirem seus custos, provavelmente serão forçadas pelos reguladores a reduzir seus preços; e se desenvolvem um produto diferenciado, provavelmente não lhes será permitido cobrar um preço mais alto. Como exemplos desse tipo de monopólio ou duopólio podemos citar os serviços de distribuição de energia elétrica ou gás encanado e de transporte dutoviário de petróleo e seus derivados. Um monopólio também pode ser estabelecido por uma empresa privada, quando consegue criar um produto exclusivo, que ninguém mais oferece. Nesses casos, segundo Assef (2011b), torna-se necessário estimar o prazo de duração da exclusividade e escolher entre duas estratégias principais: a) recuperar rapidamente os investimentos realizados no desenvolvimento do produto através de altos preços e elevadas margens de contribuição e b) estabelecer uma política de preços e margens moderadas, postergando a recuperação dos investimentos. A primeira estratégia parece ser mais interessante num primeiro momento, mas aumenta o risco de atrair concorrentes que ofereçam produtos similares a preços mais baixos. A segunda estratégia, com preços e margens moderadas, pode aumentar o tempo de exclusividade do produto no mercado, pois o retorno para os concorrentes deve ser, provavelmente, menor e os riscos, maiores, desencorajando a entrada no mercado. A prática da política de postergação de retorno é indicada principalmente para produtos com patentes que assegurem o monopólio por alguns anos, como, por exemplo, no caso de indústrias químicas e farmacêuticas.

Ambiente monitorado

Em setores cujos produtos/serviços sejam considerados de interesse público ou tenham implicações para a segurança nacional (por exemplo, aviação, energia, armamentos) ou em que haja riscos de expropriação de clientes que tendam a ficar cativos de um único fornecedor (por exemplo, medicamentos de uso continuado), os preços tendem a ser controlados ou monitorados por órgãos regulatórios, havendo intervenção por parte do governo somente quando se percebem abusos das empresas ou riscos aos consumidores. Nesse tipo de mercado pressupõe-se que a empresa detém grande conhecimento relativo à demanda, custos e despesas na definição do preço, pois a alteração do mesmo pode depender de um processo de negociação com os órgãos responsáveis pelo monitoramento e controle que muitas vezes é burocrático e demorado.

Concorrência monopolista

Caracteriza-se a concorrência monopolista quando, apesar de haver vários fornecedores de uma determinada categoria de produto, uma ou poucas empresas oferecem variedades exclusivas. Pode-se dividir os consumidores em segmentos que buscam características distintas no tocante aos atributos do produto – por exemplo, funcionalidade, marca, serviços, estilo ou *design* – e não consideram as diferentes variedades de produto como substitutas. Para eles, cada variedade atende melhor a um conjunto de atributos, sendo difícil estabelecer uma comparação entre os produtos ou mesmo realizar a simples substituição.

Para alguns motoqueiros, por exemplo, as motos da marca Harley-Davidson possuem tradição e imagem única, fato que as torna insubstituíveis e distintas das concorrentes, mesmo quando estas apresentam *design* e características similares. Diversos setores como moda feminina, carros de luxo, cursos de pós-graduação, *resorts* de veraneio, cirurgias plásticas embelezadoras e cervejas artesanais também podem ser caracterizados como de concorrência monopolista.

Portanto, em situações de concorrência monopolista, os profissionais de marketing devem encontrar maneiras de diferenciar seus produtos, possibilitando, na maioria das vezes, o estabelecimento de um nível de preço acima dos concorrentes.

Oligopólio

Num oligopólio há poucos produtores que dominam o mercado. Cada empresa pode influenciar significativamente o mercado, mas nenhuma detém total controle. A inter-relação dos competidores é grande: na maioria das vezes, quando um deles ganha participação no mercado, outros a perdem. Da mesma forma, quando um produtor reduz os preços na expectativa de aumentar as vendas, os demais o acompanham, o que pode acarretar a redução dos lucros para toda a indústria. Em alguns setores, essa interdependência pode levar os concorrentes a acordos – explícitos ou tácitos – de estabelecimento conjunto de preços, o que caracteriza a existência de um "cartel", ficando as empresas participantes sujeitas às penalidades previstas por leis de defesa da concorrência e dos consumidores. Como exemplos de oligopólios temos os setores de montadoras de automóveis, distribuição de combustíveis (há dois grandes oligopólios: grandes distribuidoras *versus* pequenas distribuidoras), cimento, siderurgia e fabricação de aviões.

A fronteira entre concorrência monopolista e oligopólio pode parecer imprecisa, mas a principal diferença estaria no fato de que, no oligopólio, as empresas, explícita ou tacitamente, se coordenam para impor aos compradores de produtos preços e outras condições muito parecidos. Já na concorrência monopolista, os consumidores percebem os produtos como diferenciados, em vez de substitutos entre si, o que dá poder aos ofertantes, mas não por uma razão que viole os direitos do consumidor.

Nesse tipo de mercado, os preços geralmente acompanham níveis praticados pelos concorrentes, com geração de margens normalmente elevadas. Isso porque, segundo Assef (2011b), nos mercados em que existem oligopólios não cartelizados, as margens tendem a ser elevadas porque, apesar dos preços não serem acordados entre as empresas, não existe o interesse em criar guerras de preços. Isso porque dificilmente uma atitude como essa poderia inviabilizar a atividade dos demais concorrentes, invariavelmente empresas capitalizadas, que suportariam o ônus de reduzir margens para não perder participação de mercado.

Concorrência perfeita

Verifica-se uma situação de concorrência perfeita quando o mercado é formado por inúmeros produtores e compradores com ofertas e preferências respectivamente similares. Os custos de mudança dos compradores (para trocar de fornecedor do produto ou serviço) são baixos ou desprezíveis. Nenhuma das empresas, isoladamente, exerce influência significativa sobre o mercado, e o produtor que tentasse cobrar preço mais alto certamente perderia significativa participação e teria seus lucros diminuídos. Uma vez que a concorrência é intensa, os preços já embutem uma margem mínima de lucro, ao menos para os produtores eficientes, e nenhum deles seria incentivo para diminuir seus preços. Nessa situação, o preço do produto deve acompanhar a concorrência, cabendo a cada empresa controlar bem seus custos, pois são estes que determinariam sua margem de lucro.

Podemos perceber, com base nas condições apresentadas, que a concorrência perfeita é uma situação hipotética, pois empresas e compradores, na maioria dos mercados, não apresentam tamanha similaridade. É comum haver empresas com vantagens de custo sobre as demais – por exemplo, escala de produção, tecnologia, pioneirismo, experiência, oportunidade histórica, localização ou melhor acesso aos insumos ou canais de distribuição – e consumidores com diferentes perfis, preferências e sensibilidades ao preço. Além disso, impulsionadas pela competição, as empresas se esforçam para ofertar produtos e serviços diferenciados. Entretanto, podemos citar vários setores que se aproximam de uma concorrência perfeita: prestadores de serviços domésticos, restaurantes simples por quilo, minérios e *commodities* agrícolas. Vale lembrar também que o uso da internet, uma vez que facilita a comparação de características e de preços, tem contribuído para o aumento da concorrência em diversas categorias de produtos.

Assef (2011b) afirma que a situação de concorrência perfeita é um dos maiores desafios para o profissional de marketing, que deve trabalhar para fugir da chamada "armadilha da *commodity*", diferenciando um produto que num primeiro momento não apresentaria diferenciais. Como exemplo, temos a maçã da Mônica, que deixou de ser uma simples maçã ao ser apresentada em tamanho reduzido – para melhor se adequar às crianças – e com embalagem plástica exclusiva – mais higiênica e prática – com o desenho da personagem.

Mercado monopsônio

Mercado monopsônio é aquele onde existe um único comprador e diversos fornecedores. Tal é, em geral, o caso de algumas compras oficiais, como os equipamentos exclusivos das Forças Armadas, cujo preço não costuma ser imposto pelo governo, e sim definido num processo de licitação em que, preservadas as necessárias exigências técnicas, ganha o contrato de fornecimento a empresa que oferecer o menor preço.

Setores em que haja grandes compradores de produtos relativamente homogêneos – por exemplo, McDonald's comprando guardanapos ou Ambev comprando açúcar – se assemelham a um mercado monopsônio, posto que estes grandes compradores podem organizar um "leilão reverso" (em geral, via pregão eletrônico), no qual comprarão o produto daquele fornecedor que, atendidas às características técnicas básicas, cobrar o preço mais baixo.

O estudo da estrutura da indústria é o primeiro passo na análise da concorrência para definição do preço, pois ajuda o profissional de marketing a entender o comportamento dos concorrentes e as regras gerais que regem o mercado. O passo seguinte é analisar as ofertas e preços dos principais concorrentes, diretos e indiretos, estabelecendo-se um preço que esteja alinhado às expectativas dos compradores, atinja os objetivos da empresa e, ao mesmo tempo, seja competitivo no mercado. O assunto será discutido com maior profundidade no capítulo 7.

Sensibilidade ao preço

O preço é uma das mais importantes variáveis do marketing, mas, como vimos anteriormente, há situações e momentos em que o cliente pode manifestar maior ou menor sensibilidade em relação ao que tem que pagar. Segundo Parente (2000), pesquisa realizada em 1997 com 15 mil consumidores em supermercados da grande São Paulo, focalizando 33 categorias de produtos, entre alimentos, artigos de limpeza e de higiene pessoal, apurou que 2/3 dos consumidores não comparam as mercadorias e, consequentemente, o preço no momento da compra. É claro que não podemos generalizar esses dados para todos os tipos de produtos e situações, porém a pesquisa reforça a ideia de que o preço é uma importante variável para a decisão do cliente, mas não a única. Nagle e Holden (2003) e Kotler e Keller (2012) apontaram os principais fatores que influenciam a sensibilidade do comprador em relação ao preço.

Preço de referência

Consiste nos limites de preço que os compradores estão dispostos a pagar por um produto. O limite inferior pode advir da associação entre preço e qualidade (o consumidor pode desconfiar quando o preço parece baixo demais), enquanto o limite superior, conhecido como preço de reserva, é o valor máximo que o comprador, em função de sua experiência anterior, está disposto a pagar pelo produto. Fora de tais limites, o preço passa a constituir uma barreira à compra.

Dificuldade de comparação

Os compradores são menos sensíveis a preços quando não podem facilmente comparar a qualidade dos concorrentes e substitutos, seja porque não têm capacidade técnica para julgar, seja porque não querem correr o risco de escolher errado e, então, baseiam sua decisão em outros indicadores, tais como marca ou reputação, ou até mesmo utilizam o preço como um indicador de qualidade. Isso ocorre principalmente na área de prestação de serviços. As pessoas contratam serviços de advocacia, por exemplo, não somente pelo preço, mas principalmente pela confiança, credibilidade e serviços anteriores.

Custo de mudança

Quanto maior o custo adicional (monetário ou não) associado à mudança de fornecedor, menor a sensibilidade dos compradores em relação ao preço. Quando companhias aéreas adquirem aeronaves de um fornecedor (por exemplo, a Boeing), precisam investir em treinamento de mecânicos e em estoque de peças. Assim, no momento de adquirir novas aeronaves, relutam em comprar de outro fornecedor (por exemplo, a Airbus), por causa do novo custo com treinamento e peças. No Brasil, por exemplo, a Azul Linhas Aéreas mantém uma linha de aeronaves padronizadas, do mesmo modelo, buscando maior eficiência e redução de custos. Nesses casos, seria preciso uma oferta muito atrativa para induzir à troca de fornecedor. As empresas aéreas se protegem contra um possível comportamento oportunista dos montadores de aeronaves negociando, antes da assinatura do primeiro contrato, os termos e condições de futuros reajustes de preços e de condições de fornecimento.

Preço e qualidade

Os compradores são menos sensíveis a preços à medida que o preço mais alto sinaliza maior qualidade, prestígio ou exclusividade; esse comportamento é comum no mercado de produtos de alto luxo. No Brasil, a Louis Vuitton oferece bolsas femininas com preços que variam entre $1,2 mil e $20 mil. Mesmo assim, consumidoras entram na fila de espera para comprar tais produtos.

Gasto

Os compradores são mais sensíveis ao preço quando o gasto é maior, tanto em termos monetários absolutos quanto em percentual da renda do consumidor. Numa empresa de telemarketing, uma funcionária julgava que o valor mensal cobrado por um pacote de dados de acesso rápido à internet ($119,90) estava muito alto. Demonstraram-lhe que a renda média dos *prospects* (clientes potenciais) era de $5 mil e que eles gastavam cerca de $400 mensais em sua conta regular na companhia telefônica por serviços básicos de voz e dados. Ao relacionar o preço do serviço oferecido com a renda dos *prospects* – e não com o próprio salário, cerca de $1.000 por mês – e também refletir sobre a importância que o acesso à internet móvel tem para esses clientes, a percepção da funcionária foi alterada e a partir daí ela passou a considerar barato e vantajoso o serviço oferecido.

Benefício final

Quanto menor o dispêndio em relação ao benefício final do produto, menor a sensibilidade do comprador em relação ao preço. Por exemplo, um fotógrafo profissional que precise trocar sua máquina provavelmente optará pela de última geração, apesar do alto preço. Afinal, ele sabe que é um investimento e que o valor pago será facilmente compensado pela maior produtividade e qualidade obtidas no trabalho.

Custo compartilhado

Os compradores são menos sensíveis ao preço quando parte do custo é assumida por terceiros. Numa escola de idiomas, fez-se uma pesquisa para atestar o nível de satisfação dos clientes. Metade deles apontou como principais problemas da escola alguns fatores ligados à qualidade do curso, como, por exemplo, o nível dos professores e o material de ensino. Já a outra metade apontou como principal problema o aumento da última mensalidade. Ao analisar os dados da amostra, os pesquisadores concluíram que os clientes que não reclamaram do preço eram os que possuíam algum tipo de subsídio por parte da empresa em que trabalhavam, enquanto os demais arcavam com os custos integrais do curso.

Efeito justiça

Os compradores são mais sensíveis ao preço quando o produto está fora da faixa que eles percebem como "justa" ou "razoável", dado o contexto da compra. As percepções de justiça são subjetivas, estando ligadas às percepções do cliente em relação ao lucro do vendedor (estimativa de quanto este lucrava no passado ou quanto outros lucram em atividades similares) e à reputação da empresa, bem como ao modo como o consumidor interpreta o gasto, relacionando-o com a manutenção ou melhoria de seu padrão de vida.

Em certa pesquisa (Nagle e Holden, 2003), as pessoas deviam imaginar-se deitadas numa praia, sendo questionadas sobre o valor máximo que pagariam por sua cerveja preferida. Metade da amostra foi informada de que o produto viria de um luxuoso hotel, e a outra metade, de uma mercearia. A média dos preços aceitos pela cerveja vinda do hotel foi de $2,65, e da mercearia, $1,50. Da mesma forma, muitas empresas petrolíferas são acusadas de praticar preços extorsivos, enquanto danceterias da moda, lucrativas e caras, recebem poucas críticas.

Outro fato: as pessoas reclamam mais dos preços de remédios e consultas médicas, que representam custos para manter a saúde, e menos das variações nos preços dos produtos de luxo, como pacotes de viagens e carros, que estão associados à melhoria do padrão de vida.

Efeito de contexto

Os compradores são mais sensíveis a preços quando veem o preço como uma "perda", em vez de um "ganho" renunciado, e também quando o produto é pago separadamente, e não como parte de um pacote. As pessoas colocam a decisão de compra dentro de uma "moldura" em suas mentes, com pacotes de ganhos e perdas.

O posto A vende gasolina a $2,80 o litro e oferece desconto de $0,10 por litro se o cliente pagar em dinheiro. O posto B oferece gasolina a $2,70 o litro e cobra $0,10 de acréscimo se o cliente pagar com cartão de crédito. O custo final é o mesmo, mas a maioria das pessoas considera a oferta do posto A mais atrativa, pois o desconforto psicológico associado a compras nesse posto (com desconto) é menor do que o associado ao posto B (com acréscimo).

Uma revendedora de computadores pode oferecer um pacote que inclui computador, impressora, *scanner* e estabilizador de voltagem. Na apresentação, demonstra os recursos de cada equipamento, mas, no final, apresenta o preço total da solução. Dessa forma, faz com que o cliente conheça as vantagens de cada produto e reduza a análise do custo a um único preço.

No Brasil, os pacotes de produtos são frequentemente relacionados à redução de preço ou descontos, mas isso nem sempre deve ser a regra. Ao contrário, uma empresa pode montar pacotes com diversos acessórios e combiná-los na cor e *design*, formando conjuntos diferenciados com preços iguais ou superiores às compras realizadas separadamente.

Investimento reduzido

Os compradores são menos sensíveis ao preço quando o produto é utilizado em conjunto com bens previamente comprados. Depois de acertada a venda de um microcomputador, os vendedores se voltam para a oferta de um acessório: o estabilizador de voltagem. O cliente, que acabou de pagar $1.600 pela máquina, acaba optando por adquirir também o estabilizador por $40, sem realizar pesquisa de preço. Afinal de contas, é um pequeno adicional para garantir a integridade do equipamento.

Capacidade de estocar

Os compradores são menos sensíveis a preços quando não podem estocar o produto. No varejo, os compradores sensíveis ao preço podem aproveitar uma oferta de sabão em pó para adquiri-lo em maior quantidade. Com estoques elevados, podem ficar atentos aos preços e efetivar a compra do produto somente quando houver uma nova promoção.

Exclusividade do produto

Os compradores são menos sensíveis a preços quando o produto apresenta atributos, tangíveis ou intangíveis, que sejam valorizados por eles e que a concorrência não forneça. A Nike cria sistemas exclusivos de amortecimento para seus calçados esportivos (por exemplo, Air e Shox), o que justifica o maior preço praticado em relação aos demais modelos da empresa e dos concorrentes. O mesmo ocorre com novas tecnologias de televisores (integração à internet e sistemas de melhoria de imagem) e aparelhos de comunicação portáteis (novos recursos e aplicativos para *smartphones*).

Como vimos, o momento, o tipo de produto e as estratégias e ações criativas de marketing podem alterar a percepção do cliente. O papel do profissional de marketing é analisar todas as variáveis e situações possíveis, a fim de planejar programas que melhor atendam às necessidades e aos desejos dos clientes e da empresa.

Segmentação de mercado

Considere a situação a seguir. Uma empreendedora, dona de uma loja regional de roupas, estava com um problema: não entendia os clientes. Desde o início, sempre trabalhara com produtos de qualidade superior e marcas de confecções famosas. Por ser praticamente a única loja do gênero na região e estar numa localização privilegiada, clientes nunca haviam faltado. Mas, com o passar do tempo, novos empreendimentos se instalaram na região, e os clientes passaram a reclamar dos preços da loja. Ela explicava que a concorrência oferecia marcas diferentes das suas, muitas vezes de qualidade inferior. Mas, temendo perder a clientela, passou a comprar marcas mais baratas. A partir daí, em vez de reclamarem do preço, os clientes passaram a reclamar da queda de qualidade da loja e dos produtos oferecidos. Ela então se perguntou: "O cliente da loja quer preço ou qualidade? Ou, pior, será que ele quer marcas famosas por preços de marcas inferiores?"

Esse caso ilustra a importância do conceito de segmentação de mercado e a influência do preço nesse processo. O problema fundamental é a crença da empreendedora de que há um único grupo denominado "clientes da loja". Os clientes não formam um grupo homogêneo pelo fato de todos comprarem no mesmo local. Para entendê-los, é preciso segmentar, ou seja, dividi-los em grupos de acordo com suas características e comportamento. No caso, poderíamos, no mínimo, identificar dois segmentos entre os clientes da loja: os que procuram um preço mais acessível, em detrimento de uma marca de maior prestígio, e os que privilegiam a marca em detrimento do menor preço.

Quando está associado à qualidade percebida de um produto, o preço desempenha papel fundamental no direcionamento e distinção de ofertas para cada segmento de mercado. A Apple, por exemplo, sempre busca oferecer inovação, alta qualidade e *design* nos seus produtos. Isso possibilita à empresa cobrar preços mais elevados em relação à média do mercado – praticando a estratégia de preço prêmio (*premium*) –, o que acaba atraindo um segmento de clientes com maior capacidade de compra. Entretanto, grande parte do mercado, principalmente o brasileiro, compõe-se de pessoas que apreciam um produto de qualidade, mas muitas vezes abrem mão de recursos e características inovadoras em favor de preços mais baixos. Para esse segmento de mercado, a Whirlpool oferece a marca Consul, que parece, aos olhos da maioria dos compradores, "quase tão boa" quanto a Brastemp (também fabricada pela Whirlpool), porém mais barata. Dentro da mesma estratégia, o Grupo CRM atua no varejo de chocolates com as marcas Kopenhagen (*premium*) e a Brasil Cacau (marca de combate). Cada marca é direcionada para um tipo de público, oferecendo produtos e preços diferentes. No setor supermercadista, temos o exemplo do Grupo Pão de Açúcar (GPA), que varia o modelo das lojas de acordo com as características dos consumidores de cada região.

A bandeira Pão de Açúcar é formada por supermercados de vizinhança que, segundo o próprio discurso, "oferecem grande variedade de produtos com qualidade, investem continuamente em tecnologia e desenvolvem serviços para atender às necessidades de consumidores cosmopolitas". Essas lojas buscam atingir segmentos de pessoas que valorizam a qualidade de vida, buscam produtos de qualidade e apreciam a modernidade, o relacionamento e a conveniência das lojas. Para essas pessoas, o preço é fator importante, mas não o principal. Já a bandeira Extra, no formato de hipermercado, procura oferecer boa qualidade e variedade de produtos alimentícios e não alimentícios com preços competitivos, dentro de ambiente amplo. Além disso, busca oferecer maior conveniência por meio da locação de espaços para lavanderias, casas lotéricas, casas de câmbio, sapatarias, agências de correio, cafeterias e outros. Em geral, os clientes do Extra Hiper buscam produtos e serviços de qualidade com preços baixos e, muitas vezes, não se importam em percorrer maiores distâncias, fora e dentro da loja, para realizar suas compras.

Outras empresas, em vez de trabalharem com marcas e preços diferentes, montam um modelo de negócio específico para atingir determinado segmento. Atualmente, o segmento formado por pessoas de baixa renda está sendo valorizado e atrai diversos empreendimentos. Como exemplo, podemos citar as conhecidas lojas de $1,99, as lanchonetes de salgadinhos e sucos a $0,50, e as redes de supermercados de preço baixo, com instalações simples e produtos de marcas baratas.

Nos diversos mercados e setores, o preço, aliado à marca, é fundamental no direcionamento de produtos e serviços para os diferentes segmentos de mercado. Os profissionais da área de marketing devem analisar os segmentos existentes no mercado e desenvolver linhas de produto – ou negócios – com marcas e preços mais adequados a cada público-alvo.

Neste capítulo foram discutidos os principais fatores mercadológicos que devem ser considerados nas decisões relacionadas a preços. No próximo capítulo, importantes fatores, internos e externos, relacionados aos custos e despesas, serão abordados.

5
A importância dos custos na formação do preço

As empresas devem encontrar meios de dar visibilidade e transparência aos custos de seus produtos e serviços, facilitando, assim, a tarefa de definição dos preços e a avaliação das margens de lucro.

Vale lembrar que os preços não podem ser definidos apenas a partir dos custos. As percepções dos clientes quanto ao valor do conjunto de benefícios esperados, assim como o posicionamento das ofertas dos concorrentes, são também de grande relevância no processo de estabelecimento de preços, em especial quando a concorrência é intensa ou o comprador tem dificuldade para determinar o valor dos produtos. Contudo, desconhecer o impacto dos custos ou mensurá-los incorretamente pode acarretar sérias dificuldades no processo de gestão empresarial.

Enfoque gerencial *versus* enfoque contábil-fiscal

Abordar custos num panorama empresarial exige, antes de tudo, uma reflexão que envolva a percepção daquilo que é efetivamente praticado pelas empresas. Portanto, cabe mencionar aqui alguns aspectos importantes.

- A maioria das empresas, por não dispor de adequados sistemas gerenciais de custos, opera com estimativas deturpadas

de quanto lhes custam seus produtos e serviços, de modo que a administração pode desconhecer o real panorama do negócio. Como em geral os métodos utilizados estão obsoletos, praticam-se preços altos demais em alguns casos e baixos demais em outros. Alguns produtos que na realidade são deficitários podem parecer lucrativos, caso seus custos tenham sido subestimados pelo sistema de custeio da empresa. Contudo, se no conjunto a empresa apresentar um resultado positivo, escondendo o resultado negativo daqueles produtos, a administração poderá não ter meios de identificar o problema.
- Muitas empresas utilizam-se de sistemas contábeis de custos concebidos de forma articulada tanto com os princípios contábeis quanto com a legislação do imposto de renda. Por sua natureza, esses sistemas se prestam à valorização dos estoques e, por consequência, à apuração dos custos dos produtos vendidos. Assim, não existe uma preocupação com as questões gerenciais, ou seja, criar informações importantes para a avaliação individual do resultado gerado pelo produto ou serviço a partir da transparente definição de seus custos.
- Os números apurados mediante sistemas projetados para atender principalmente a exigências contábeis e fiscais podem levar as empresas a alocar capital de maneira inadequada, bem como confundir a destinação e o resultado dos esforços visando melhorar a eficiência.

Tudo isso mostra não apenas que inexiste uma atitude empresarial especificamente voltada para a apuração transparente e objetiva dos custos de produtos e serviços, mas também que os tradicionais sistemas de apuração de custos somente conseguem fornecer dados para alimentar registros contábeis e fiscais.

Impactos da evolução do ambiente

Até recentemente, o ambiente empresarial brasileiro se caracterizava pela existência de um mercado doméstico e fortemente protecionista, onde quem tinha posição de destaque confortavelmente determinava os preços. O foco gerencial em custos era pouco praticado, não interessando se havia "gordura" ou improdutividade, se o custo agregava ou não valor ao produto ou serviço. Repassava-se o custo para os clientes, acrescido de generosa margem, e o consumidor pagava esse preço por falta de alternativas.

No Brasil, durante boa parte da década de 1980 até o início da década de 1990, a inflação e a consequente especulação financeira tornaram-se parâmetros para a orientação dos negócios. Isso relegou a um plano secundário a preocupação do administrador com a gestão empresarial, influenciando negativamente a condução das operações, a execução dos controles e a postura gerencial das empresas. A pobre e limitada estratégia predominante era vender com margem máxima, fazer caixa o mais rápido possível e multiplicar o dinheiro na ciranda financeira. Assim, empresas e empresários pareciam bem-sucedidos, e suas decisões, sempre acertadas. Eis as características mais marcantes desse período, cujas consequências se fizeram sentir a partir do momento em que o cenário empresarial modificou-se drasticamente:

- despreocupação com questões relacionadas a eficiência, produtividade e competitividade, na medida em que as "gordas" margens de lucro encobriam qualquer sinal de ineficiência no processo de gestão;
- ausência de planejamento e controles capazes de medir o desempenho das operações, uma vez que a impressão de lucro fácil tornava essas ações gerenciais completamente dispensáveis;

- políticas de preço alheias ao ambiente externo, notadamente o mercado consumidor; os preços eram definidos aplicando-se multiplicadores (*mark-ups*) sobre os custos de aquisição das matérias-primas ou mercadorias, e a relação custo/volume/preço/lucro era completamente desprezada, como se nenhuma influência exercesse sobre os negócios e resultados das empresas.

Cenário atual dos negócios

As mudanças radicais verificadas em todo o mundo a partir de meados da década de 1980 representam hoje uma realidade no cenário dos negócios, influenciando expressivamente o comportamento das empresas. A seguir descrevemos algumas dessas mudanças:

- tecnologia – o crescente índice de evolução tecnológica passou a ameaçar as posições das empresas;
- competição – um grande número de competidores eficientes surgiu em diversos setores;
- excesso de oferta – a capacidade agregada de ofertar a maioria dos produtos tornou-se maior do que a demanda;
- globalização – a competição passou de doméstica a global;
- expectativas dos clientes – tendo mais escolhas, os clientes passaram a exigir cada vez mais qualidade, menores preços, melhores serviços e maiores prazos para pagar;
- ciclos de vida dos produtos – os ciclos diminuíram sensivelmente.

Com todas essas mudanças, o atual cenário empresarial exige que os administradores entendam que:

- os empreendimentos precisam ser essencialmente competitivos;
- o fator preço deve ser encarado como elemento decisivo, na medida em que é condicionado por atitudes percebidas no comportamento do mercado consumidor;
- a gestão dos custos tornou-se pré-requisito para a sobrevivência;
- o constante conhecimento das operações, notadamente das atividades que não agregam valor, tornou-se imprescindível.

Não podemos ignorar que tal cenário nos traz a certeza irrefutável de que a ausência de sistemas de custos dotados de ferramentas adequadas inevitavelmente conduzirá as empresas ao insucesso, qualquer que seja o seu porte, pelo simples fato de não disporem de informações confiáveis para apoiar o processo decisório.

Se, no passado, as empresas podiam até ser relativamente desleixadas na apuração dos custos de seus produtos e serviços, no atual cenário elas correm sérios riscos se não tomarem os devidos cuidados para apurar corretamente os custos e apresentá-los nos formatos pertinentes às decisões gerenciais. A acirrada competição entre as empresas e as baixas margens de lucro em boa parte dos setores da economia exigem que eficiência e competitividade sejam definitivamente incorporadas ao contexto da gestão empresarial.

Vale, ainda, um alerta: enganam-se os empresários e administradores que acreditam poder tomar decisões baseados apenas nas informações fornecidas pela contabilidade de custos tradicional. Esta, tal como originariamente concebida, embora seja de vital importância do ponto de vista societário e fiscal, não serve para lidar com os desafios da arena competitiva.

A contabilidade tradicional, conhecida como contabilidade financeira, tem como objetivo divulgar informações para o mundo externo (credores, acionistas e investidores), agregando-as em categorias muito gerais, tais como receitas de vendas, custo dos produtos vendidos, despesas de vendas, despesas administrativas. A contabilidade gerencial, por outro lado, é voltada para os gerentes da empresa e desagrega receitas e custos por produto, cliente, atividade, departamento ou qualquer outro nível de análise considerado relevante, permitindo que se identifiquem pontos fracos e fortes e se tomem as necessárias medidas corretivas ou de reforço.

Terminologias de custos

É comum encontrarmos uma profusão de termos definindo um único conceito e, por outro lado, conceitos diferentes definidos por um único termo. A seguir apresentamos o significado estrito de alguns termos, do ponto de vista contábil (Martins, 2010; Masayuki, 2007):

- gastos – são todas as destinações de recursos, desembolsados ou não, que traduzem o sacrifício financeiro que a empresa realiza para oferecer um produto ou serviço qualquer; por ser um conceito amplo, abrange investimentos, custos e despesas;
- investimentos – são gastos considerados contabilmente como ativos em função de sua vida útil ou dos benefícios atribuíveis a período(s) futuro(s); por exemplo, estoques, bens imóveis, e maquinário, além de consultorias e treinamentos, cujos benefícios serão aproveitados pela empresa por mais de um ano;
- custos – são recursos aplicados na transformação dos ativos e representados por gastos relativos à utilização de bem ou serviço na produção de outros bens e serviços; logo, os gastos são reconhecidos como custos no momento da utilização dos fatores de produção na fabricação de um produto ou execução de um serviço (exemplos: a matéria-prima foi um gasto na

ocasião de sua aquisição registrado como investimento sob forma de estoque; no momento de sua utilização na fabricação de um bem, assume-se o custo da matéria-prima como parte integrante do bem elaborado; a mão de obra direta utilizada na execução de determinado serviço constitui um dos custos necessários à elaboração desse serviço);

- despesas – são recursos empenhados em destinações que não transformam o ativo, mas contribuem para o esforço de geração de receitas (exemplos: a comissão do vendedor é um gasto tratado como despesa de venda; os juros pagos ou incorridos em virtude de financiamento bancário são tratados como despesas financeiras; os salários de vendedores ou funcionários administrativos são tratados como despesas de venda e administrativa, respectivamente);
- dispêndios, pagamentos ou desembolsos – representam saídas de caixa para atender à aquisição de um bem ou serviço, podendo ocorrer antes, simultaneamente com ou após a entrada do bem ou serviço adquirido e, portanto, com ou sem defasagem em relação aos gastos;
- perdas – recursos que não contribuem para gerar ativos ou receitas e que são representados por bem ou serviço consumido de forma anormal e involuntária. Exemplos: perdas por incêndio, obsolescência de estoques ou gastos com mão de obra em períodos de greve.

Principais classificações de custos e despesas

Apresentamos a seguir algumas classificações de custos e despesas que são considerados importantes tanto no processo de apropriação quanto na elaboração de informações gerenciais, base do processo de decisão (Martins, 2010; Masayuki, 2007).

Custos e despesas diretos

São aqueles diretamente identificados e associados aos produtos e serviços, não necessitando de qualquer procedimento de rateio. Consideremos, por exemplo, uma indústria de confecção que fabrica calças e camisas:

Calças fabricadas no mês (unidades)	20.000
Camisas fabricadas no mês (unidades)	30.000
Jeans consumido na fabricação das calças	$150.000
Tecido consumido na fabricação das camisas	$80.000
Mão de obra direta utilizada na fabricação de calças	$30.000
Mão de obra direta utilizada na fabricação de camisas	$16.000
Apuração do custo direto de fabricação:	
1 – Calças *jeans*	
Jeans consumidos	$150.000
Mão de obra direta utilizada	$30.000
Total dos custos diretos	**$180.000**
(/) Calças fabricadas no mês	20.000
(=) Custo unitário direto de cada calça	**$9,00**
2 – Camisas	
Tecido consumido	$80.000
Mão de obra direta utilizada	$16.000
Total dos custos diretos	**$96.000**
(/) Calças fabricadas no mês	30.000
(=) Custo unitário direto de cada calça	**$3,20**

A partir das informações disponíveis, serão apurados os custos diretos de fabricação de cada produto, utilizando para tal apenas os custos da principal matéria-prima utilizada no processo produtivo, assim como a mão de obra direta.

Custos e despesas indiretos

São aqueles cuja associação direta e objetiva aos produtos e serviços não é possível, seja porque não foram apurados isoladamente, seja porque foram compartilhados com outros produtos ou serviços, necessitando, portanto, de um procedimento de rateio para fins de alocação.

Vamos considerar que a indústria de confecções utilizada no exemplo anterior tem os seguintes custos e despesas indiretos:

Custo com mão de obra indireta utilizada na fábrica	$10.000
Despesa com aluguel do prédio da fábrica	$26.000
Outros custos fixos com a fabricação	$40.000
Despesas fixas com a comercialização dos produtos	$28.000
Despesas administrativas fixas	$16.000
Total dos custos e despesas indiretos	$120.000

Vê-se que os custos e despesas apresentados não sugerem qualquer relação direta com os produtos fabricados. Como não se pode fazer uma associação objetiva desses custos e despesas aos produtos, tornam-se necessários procedimentos de rateio para alocação. Vamos então considerar que se realizaram estudos e que a tabela a seguir mostra os parâmetros utilizados para alocação dos custos e despesas aos produtos:

	Calças	Camisas	Total
Custo com mão de obra indireta utilizada na fábrica	40%	60%	100%
Despesa com aluguel do prédio da fábrica	70%	30%	100%
Outros custos de fabricação	80%	20%	100%
Despesas fixas com a comercialização dos produtos	40%	60%	100%
Despesas administrativas fixas	50%	50%	100%

Aplicando os fatores de distribuição aos valores dos custos e despesas, teremos a seguinte distribuição:

	Calças	Camisas	Total
Custo com mão de obra indireta utilizada na fábrica	4.000	6.000	10.000
Despesa com aluguel do prédio da fábrica	18.200	7.800	26.000
Outros custos fabris	32.000	8.000	40.000
Despesas fixas com a comercialização dos produtos	11.200	16.800	28.000
Despesas administrativas	8.000	8.000	16.000
Total dos custos distribuídos por cada produto	**73.400**	**46.600**	**120.000**
(/) Quantidades produzidas	20.000	30.000	
(=) Custo unitário indireto por cada produto	3,67	1,55	
(+) Custo unitário direto por cada produto	9,00	3,20	
(=) Custo unitário total por cada produto	**$12,67**	**$4,75**	

Custos e despesas fixos

São aqueles cujo valor não sofre nenhuma influência do nível da atividade da empresa. No exemplo da indústria de confecção, os custos e despesas fixos são:

Custo com mão de obra indireta utilizada na fábrica	$10.000
Despesa com aluguel do prédio da fábrica	$26.000
Outros custos fixos com a fabricação	$40.000
Despesas fixas com a comercialização dos produtos	$28.000
Despesas administrativas fixas	$16.000
Total	**$120.000**

Esses custos e despesas são completamente insensíveis aos volumes de produção, ou seja, dentro da capacidade instalada, qualquer flutuação dos volumes de produção não modificaria em nada esses valores.

Custos e despesas variáveis

São aqueles que flutuam em função do nível da atividade da empresa. No exemplo da indústria de confecção, os custos e despesas variáveis são:

A IMPORTÂNCIA DOS CUSTOS NA FORMAÇÃO DO PREÇO

Jeans consumido na fabricação das calças	$150.000
Tecido consumido na fabricação das camisas	$80.000
Mão de obra direta utilizada na fabricação de calças	$30.000
Mão de obra direta utilizada na fabricação de camisas	$16.000

Como são custos e despesas variáveis, qualquer variação do volume de produção, seja para mais ou para menos, faria aumentar ou diminuir esses custos e despesas. Se, por exemplo, a produção tanto de calças quanto de camisas dobrasse, teríamos os seguintes custos e despesas variáveis:

Jeans consumido na fabricação das calças	$300.000
Tecido consumido na fabricação das camisas	$160.000
Mão de obra direta utilizada na fabricação de calças	$60.000
Mão de obra direta utilizada na fabricação de camisas	$32.000

Vale destacar que a associação entre custos diretos e variáveis, e indiretos e fixos, nem sempre é verdadeira. Por exemplo: a empresa de confecção mencionada aluga um quiosque para comercializar exclusivamente as suas calças *jeans*. Esse custo de aluguel é fixo, pois será o mesmo independentemente do volume comercializado. Por outro lado, sendo um custo exclusivo do produto calças, é um custo direto, ou seja, não compartilhado com outro produto, não necessitando, portanto, de qualquer processo de rateio para sua associação ao custo total do produto.

Custos e despesas semivariáveis

Variam de acordo com o nível de atividade, porém não direta e proporcionalmente. Suponhamos, por exemplo, que essa confecção aluga por $5 mil um galpão para estocagem das calças prontas para a entrega e que esse galpão tem capacidade para armazenar 10 mil unidades. Caso ela armazene, atualmente, 6,5 mil calças, seu custo com armazenagem será de $5 mil. Caso no mês seguinte necessite armazenar 8 mil calças, o custo com aluguel continuará sendo $5 mil, o mesmo acontecendo se no terceiro mês a empresa tiver que armazenar 9,8 mil calças. Porém, se no mês seguinte a necessidade de armazenamento for de 12 mil peças, a empresa terá que alugar outro galpão, digamos, por $2 mil. Assim, o custo do aluguel foi fixo enquanto a capacidade atrelada a esse custo foi respeitada, ou seja, enquanto o volume de calças armazenadas não ultrapassou as 10 mil unidades, que é a capacidade do primeiro galpão, o custo manteve-se inalterado. Quando essa capacidade foi alterada, o custo cresceu, porém não direta e proporcionalmente.

Análise da relação custo/volume/preço/lucro

Essa análise consiste na comparação dos diversos resultados que um empreendimento pode apresentar. Há pois que estudar os vários níveis da atividade para poder identificar a alternativa mais viável e responder a perguntas corriqueiras no dia a dia da gestão das empresas, tais como: o empreendimento é viável? Qual é o produto mais rentável? Qual é o produto mais lucrativo? Quais são as consequências de suspender-se a fabricação de um determinado produto? Variando um tipo de custo, para mais ou para menos, quais são as consequências para os resultados da empresa? E reduzindo-se a produção da empresa, como ficarão os resultados? Quais são as consequências da variação, para mais e para menos, de custos diferentes? Quando se fabricam diversos produtos em proporções diferentes, quais são as consequências para o ponto de equilíbrio? (Backer et al., 1984; Ostrenga, 1997).

Utilizando novamente o exemplo da indústria de confecções, vejamos o resultado apurado pela empresa:

A IMPORTÂNCIA DOS CUSTOS NA FORMAÇÃO DO PREÇO

	Calças	Camisas	Total
Volume fabricado e vendido no mês	20.000	30.000	
(x) Preço unitário de venda	20,00	8,00	
(=) **Receita bruta**	**400.000**	**240.000**	**640.000**
(-) Impostos e contribuições sobre as vendas = 30%	(120.000)	(72.000)	(192.000)
(-) Custos com matérias-primas	(150.000)	(80.000)	(230.000)
(-) Custos com mão de obra direta	(30.000)	(16.000)	(46.000)
(-) Custo com mão de obra indireta utilizada na fábrica	(4.000)	(6.000)	(10.000)
(-) Despesa com aluguel do prédio da fábrica	(18.200)	(7.800)	(26.000)
(-) Outros custos fabris	(32.000)	(8.000)	(40.000)
(-) Despesas fixas com a comercialização dos produtos	(11.200)	(16.800)	(28.000)
(-) Despesas administrativas	(8.000)	(8.000)	(16.000)
(=) **Lucro antes do imposto de renda / c. social**	**26.600**	**25.400**	**52.000**
(-) Imposto de renda / Contribuição social = 35%	(9.310)	(8.890)	(18.200)
(=) **Lucro líquido**	**17.290**	**16.510**	**33.800**

Com base nesse resultado, estudemos, por exemplo, uma situação em que a empresa tem a possibilidade de vender 40 mil camisas, mas para conseguir esse volume deverá reduzir a produção e, consequentemente, a venda de calças para 15 mil unidades. Vejamos então como ficará o resultado com esse novo perfil operacional, o que permitirá averiguar se o aumento do volume de camisas e a consequente redução da produção de calças proporcionarão um resultado superior àquele apresentado acima – dado que poderá orientar o administrador em sua decisão.

	Calças	Camisas	Total
Volume fabricado e vendido no mês	15.000	40.000	
(x) Preço unitário de venda	20,00	8,00	
(=) **Receita bruta**	**300.000**	**320.000**	**620.000**
(-) Impostos e contribuições sobre as vendas = 30%	(90.000)	(96.000)	(186.000)
(-) Custos com matérias-primas	(112.500)	(106.667)	(219.167)
(-) Custos com mão de obra direta	(22.500)	(21.333)	(43.833)
(-) Custo com mão de obra indireta utilizada na fábrica	(4.000)	(6.000)	(10.000)

	Calças	Camisas	Total
(-) Despesa com aluguel do prédio da fábrica	(18.200)	(7.800)	(26.000)
(-) Outros custos fabris	(32.000)	(8.000)	(40.000)
(-) Despesas fixas com a comercialização dos produtos	(11.200)	(16.800)	(28.000)
(-) Despesas administrativas	(8.000)	(8.000)	(16.000)
(=) Lucro antes do imposto de renda / c. social	1.600	49.400	51.000
(-) Imposto de renda / Contribuição social = 35%	(560)	(17.290)	(17.850)
(=) Lucro líquido	1.040	32.110	33.150

Como se pode ver, o lucro total será menor que o apurado na versão original do negócio, o que levará os administradores a não aceitarem o acréscimo da produção e venda de camisas.

Vejamos agora outra situação em que a empresa tem a possibilidade de vender 30 mil calças, mas para conseguir esse volume deverá reduzir a produção e, consequentemente, a venda de camisas para 20 mil unidades.

	Calças	Camisas	Total
Volume fabricado e vendido no mês	30.000	20.000	
(x) Preço unitário de venda	20,00	8,00	
(=) Receita bruta	600.000	160.000	760.000
(-) Impostos e contribuições sobre as vendas = 30%	(180.000)	(48.000)	(228.000)
(-) Custos com matérias-primas	(225.000)	(53.333)	(278.333)
(-) Custos com mão de obra direta	(45.000)	(10.667)	(55.667)
(-) Custo com mão de obra indireta utilizada na fábrica	(4.000)	(6.000)	(10.000)
(-) Despesa com aluguel do prédio da fábrica	(18.200)	(7.800)	(26.000)
(-) Outros custos fabris	(32.000)	(8.000)	(40.000)
(-) Despesas fixas com a comercialização dos produtos	(11.200)	(16.800)	(28.000)
(-) Despesas administrativas	(8.000)	(8.000)	(16.000)
(=) Lucro antes do imposto de renda / c. social	76.600	1.400	78.000
(-) Imposto de renda / Contribuição social = 35%	(26.810)	(490)	(27.300)
(=) Lucro líquido	49.790	910	50.700

Como se vê, o lucro total será maior que o apurado na versão original do negócio, o que levará os administradores a aceitarem o acréscimo da produção e venda de calças.

Margem de contribuição

A margem de contribuição representa a diferença entre a receita de venda e os custos e as despesas variáveis, numa abordagem global do resultado, ou a diferença entre o preço unitário de venda e os custos e as despesas variáveis unitários, numa abordagem na base unitária. Vejamos o exemplo da indústria de confecções anteriormente utilizado:

	Calças	Camisas	Total
Receita bruta	400.000	240.000	640.000
(-) Impostos e contribuições sobre as vendas	(120.000)	(72.000)	(192.000)
(-) Custos com matérias-primas	(150.000)	(80.000)	(230.000)
(-) Custos com mão de obra direta	(30.000)	(16.000)	(46.000)
(=) Margem de contribuição global	**100.000**	**72.000**	**172.000**
Margem de contribuição (percentual da receita bruta)	25%	30%	27%

A análise revela o valor da contribuição individual de cada produto e no total, donde se conclui que esse negócio contribui com uma margem total de $172 mil, valor que absorverá os custos fixos e ainda gerará lucro.

Abordando, no mesmo exemplo, a margem de contribuição numa base unitária, teremos:

	Calças	Camisas
Volume fabricado e vendido no mês	20.000	30.000
Preço de venda unitário	20,00	8,00
(-) Impostos e contribuições sobre as vendas	(6,00)	(2,40)
(-) Custos com matérias-primas	(7,50)	(2,67)
(-) Custos com mão de obra direta	(1,50)	(0,53)
(=) Margem de contribuição unitária	**5,00**	**2,40**

A análise mostra que cada calça vendida pela empresa proporciona uma contribuição unitária de $5, ao passo que cada camisa proporciona uma contribuição unitária de $2,40. Assim, o incremento do volume de calças, sempre que possível, deverá ser privilegiado pelo fato de ser este o produto com a maior margem de contribuição.

Sistemas de custeio

Os sistemas de custeio foram originariamente desenvolvidos para atender às necessidades de informações contábeis. O sistema adotado para essa finalidade foi o chamado "custeio por absorção", também chamado de *full cost*, que busca incorporar aos produtos todos os custos incorridos: fixos, variáveis, diretos e indiretos. Na década de 1950 introduziu-se o "custeio variável" ou "direto", que associava aos produtos, serviços ou operações somente os custos que variavam proporcionalmente às atividades.

No fim da década de 1980 surgiu o "custeio por atividades" (*activity based costing* – ABC), que veio atender à necessidade de incluir todos os custos nos casos de empresas com custos indiretos muito altos. Esse sistema é também denominado *full cost*, à semelhança do custeio por absorção, mas procura superar as limitações relativamente arbitrárias de alocação de custos por rateio utilizando direcionadores de custos que pretendem apresentar de forma mais precisa o consumo de recursos pelos produtos, serviços e operações (Shank, 1995).

É razoável considerar que não existe um sistema de custeio superior aos demais, e sim situações em que é possível escolher um tipo de sistema capaz de satisfazer as necessidades do usuário. Há casos em que um sistema de custeio por absorção atende perfeitamente às necessidades gerenciais, com uma ótima relação custo/benefício. O sistema de custeio variável costuma resolver boa parte dos problemas relacionados à alocação de custos. Entretanto, é bom lembrar que, nas estruturas de custos em que predominam custos fixos, como é o caso de muitas empresas de serviços ou organizações que trabalham com tecnologia avançada, esse tipo de custeio tem muito pouca utilidade.

Custeio variável

Utilizando o exemplo da indústria de confecções, apresentamos a seguir uma apuração baseada no sistema de custeio variável:

	Calças	Camisas	Total
Preço de venda unitário	20,00	8,00	
(-) Impostos e contribuições sobre as vendas = 30%	(6,00)	(2,40)	
(-) Custos com matérias-primas	(7,50)	(2,67)	
(-) Custos com mão de obra direta	(1,50)	(0,53)	
(=) Margem de contribuição unitária	**5,00**	**2,40**	
(x) Volume fabricado e vendido no mês	20.000	30.000	
(=) Margem de contribuição global	**100.000**	**72.000**	**172.000**
(-) Custos fixos			120.000
(=) Lucro antes do imposto de renda / contribuição social			52.000
(-) Imposto de renda / contribuição social = 35%			(18.200)
(=) Lucro líquido			**33.800**

Note-se que a distribuição dos custos por produto limita-se aos custos variáveis, sendo os custos fixos absorvidos pelo resultado global do negócio.

Custeio por absorção

A seguir, tomando ainda como exemplo a mesma indústria de confecções, apresentamos os resultados apurados pelo sistema de custeio por absorção, pelos seus valores globais. Vale destacar que esse sistema se caracteriza pela apropriação dos custos fixos por produto, ao contrário do que ocorre no sistema de custeio variável.

	Calças	Camisas	Total
Volume fabricado e vendido no mês	20.000	30.000	
(x) Preço unitário de venda	20	8	
(=) Receita bruta	400.00	240.000	640.000
(-) Impostos e contribuições sobre as vendas = 30%	(120.000)	(72.000)	(192.000)
(-) Custos com matérias-primas	(150.000)	(80.000)	(230.000)
(-) Custos com mão de obra direta	(30.000)	(16.000)	(46.000)
(=) Margem de contribuição global	100.000	72.000	172.000
(-) Custo com mão de obra indireta utilizada na fábrica	(4.000)	(6.000)	(10.000)
(-) Despesa com aluguel do prédio da fábrica	(18.200)	(7.800)	(26.000)
(-) Outros custos fabris	(32.000)	(8.000)	(40.000)
(-) Despesas fixas com a comercialização dos produtos	(11.200)	(16.800)	(28.000)
(-) Despesas administrativas	(8.000)	(8.000)	(16.000)
(=) Lucro antes do imposto de renda / c. social	26.600	25.400	52.000
(-) Imposto de renda / Contribuição social = 35%	(9.310)	(8.890)	(18.200)
(=) Lucro líquido	17.290	16.510	33.800

Note-se que o método de custeio por absorção implica a distribuição, entre produtos e serviços, dos custos fixos, que na maioria são também indiretos. Assim, se não se fizerem estudos específicos com a finalidade de estabelecer um critério de distribuição aceitável, os critérios de distribuição serão arbitrários, podendo tornar distorcidas as informações geradas.

Custeio baseado em atividades (*activity based costing* − ABC)

O ABC compreende um conjunto de conceitos e técnicas para custeio de produtos, serviços ou clientes, entre outros, partindo do princípio de que são as atividades da empresa, isto é, as tarefas que ela executa, e não os produtos e serviços em si, que consomem os recursos da empresa (tempo de trabalho, materiais, equipamentos). Logo, a filosofia do ABC é que, para montar um sistema de custos, a empresa deve primeiro mapear suas atividades e em seguida atribuir os diversos custos a esse conjunto de atividades. Numa etapa posterior, o custo de cada atividade é então atribuído aos produtos e serviços conforme suas respectivas demandas (Masayuki, 2007).

Os sistemas de custos convencionais costumam alocar custos indiretos aos produtos e serviços com base em critérios aleatórios – por exemplo, em proporção ao volume de produtos ou serviços, ou seja, produtos ou serviços de alto volume absorvem grande parte dos custos indiretos, e produtos ou serviços de baixo volume absorvem uma pequena parte. Ora, o custo de muitas atividades não resulta de um volume maior ou menor de produção. Logo, para tais atividades, alocar custos a produtos com base no quanto se produz de cada um acarretará distorções na informação gerada. Mais especificamente, os produtos de alto volume de produção receberão uma parcela dos custos indiretos maior do que deveriam receber e, portanto, parecerão mais caros do que realmente são. Com os produtos de baixo volume acontecerá o contrário: receberão uma parcela pequena dos custos indiretos e parecerão mais baratos do que realmente são. As consequências dessas distorções, em termos de política de preços e avaliação da lucratividade de produtos, podem ser enormes. Se competir com boas informações já é difícil, competir com informações distorcidas é um convite ao desastre.

Enfim, o sistema ABC oferece como novidade uma metodologia que busca uma apuração mais científica dos custos, deixando de lado as formas empíricas de apuração que hoje acarretam tantas distorções. O ABC valoriza, pois, a correta e segura informação gerencial, ingrediente considerado indispensável à tomada de decisões em qualquer empreendimento.

Uma reflexão adequada sobre essa questão deve levar em conta algumas características do ambiente econômico em que vivemos. Em primeiro lugar, trata-se de um ambiente cada vez mais competitivo e globalizado, onde as mudanças tecnológicas são cada vez mais rápidas, e os ciclos de vida dos produtos, cada vez mais curtos. Nesse ambiente, a boa informação é algo que as empresas valorizam cada vez mais. Em segundo lugar, o custo de se gerar informação é hoje muito menor do que antes. Resumindo: por um lado, a importância da boa informação e a escalada dos custos indiretos definem um cenário onde os executivos se tornam receptivos a qualquer metodologia que se proponha melhorar o nível de informações e que ajude a reduzir custos. Por outro lado, o custo decrescente de se gerar informação vai aos poucos neutralizando as eventuais restrições à metodologia. Eis, portanto, a explicação para a popularidade do ABC: trata-se de um instrumento para ajudar as empresas.

O ABC ajuda os gerentes a detectarem problemas e oportunidades no tocante a produtos, serviços e clientes, bem como áreas passíveis de redução de custos. Mas nenhuma técnica de custos vai indicar o que deve ser feito a partir de tais diagnósticos. Mais especificamente, devemos considerar que o ABC mapeia as atividades da empresa. Qual a necessidade dessas atividades para o sucesso da empresa? Por exemplo, o ABC mostra quanto custa cada atividade e como alocar esse custo a produtos ou clientes. Mas será que essa atividade deveria existir? Em caso afirmativo, deveria custar o que custa? Respostas para este tipo de perguntas fogem ao âmbito de uma análise ABC, embora esta ajude a diagnosticar e entender o problema.

No tocante ao custeio de produtos, existe sem dúvida um exagero quando se diz que o ABC permite um custeio preciso de produtos. O fato é que existem muitas atividades cujos custos são compartilhados por diversos produtos. A tentativa de alocar tais custos a cada um dos produtos forçosamente implica procedimentos relativamente arbitrários. Isso deveria ao menos ser reconhecido por quem está implantando o sistema. A ideia de que existe um critério incontestável de rateio quando se usa o ABC – ou seja, que este permite uma perfeita identificação da maioria dos custos indiretos com os produtos – é simplesmente falaciosa. O que o ABC objetiva é, sem dúvida alguma, inibir a prática de distribuições de custos apoiadas em parâmetros aleatórios, o que em alguns casos, como o do comércio varejista, pode ser desastroso por causa da atribuição indevida de custos aos produtos, o que leva a uma noção completamente equivocada dos custos e das margens por produto e, por conseguinte, dos resultados, causando deformação da visão do negócio e das ações gerenciais empreendidas a partir das informações colhidas (Masayuki, 2007).

Neste capítulo foram discutidos os custos e despesas relacionadas com a operação da empresa. A seguir, serão abordados custos financeiros e tributários, que são fortemente influenciados por situações e decisões externas à empresa.

6
Impacto do custo financeiro e tributário sobre o preço

Como vimos nos capítulos 3 e 5, os custos são um importante fator a considerar na formação dos preços. Abordar preços de produtos e serviços, portanto, implica, necessariamente, abordar dois importantes componentes dos custos: os juros e os impostos, especialmente no Brasil, onde eles estão entre os mais elevados do mundo e exercem grande impacto no preço final.

A influência do custo do financiamento

A abordagem do custo do financiamento das operações e sua influência nos custos de uma empresa devem começar pela reflexão a respeito de uma percepção muito comum no meio empresarial, expressa na seguinte frase: "no Brasil, a 'matéria-prima' mais cara é o dinheiro".

O custo do financiamento da operação deve ser preocupação permanente das empresas. Para mostrar sua influência nos custos e preços dos produtos e serviços, vamos retomar uma visão financeira básica, porém de vital importância, que deveria servir como ponto de referência em qualquer análise gerencial: a identificação das fontes e destinações de recursos de um determinado empreendimento.

Fontes de recursos

Inicialmente, cabe destacar as fontes de recursos que uma empresa costuma ter à sua disposição, as quais se dividem em dois grandes grupos: recursos próprios e de terceiros.

Recursos próprios

São recursos dos sócios e acionistas da empresa, correspondendo ao capital voluntariamente investido pelos proprietários, mais os lucros gerados e não distribuídos.

Recursos de terceiros

Subdividem-se em:

- recursos de terceiros de natureza operacional – correspondem às obrigações assumidas normalmente no desenvolvimento das operações, tais como as dívidas com fornecedores, governo (impostos e contribuições, principalmente), empregados (salários, encargos e benefícios) e clientes (adiantamentos);
- recursos de terceiros de natureza financeira – representados pelas tomadas de recursos junto a instituições financeiras, seja para financiar o capital de giro, normalmente em operações de curto prazo, seja para financiar os investimentos em ativos fixos que, pela sua natureza, assumem prazos maiores.

Destinações de recursos

Definidas as fontes, vejamos agora as destinações dos recursos numa empresa. Em geral, os recursos se destinam ao capital fixo, representado por imobilizações e gastos diferidos, e ao capital de giro. Mais detalhadamente, temos:

- capital fixo – as imobilizações correspondem às destinações de recursos para bens que a empresa utilizará em suas operações, tais como imóveis, instalações fabris, veículos, equipamentos e mobiliário, enquanto os gastos diferidos representam destinações de recursos para a futura conquista de direitos, também necessários à realização de operações, como, por exemplo, os gastos com desenvolvimento de produtos (atualmente, os gastos diferidos são classificados no balanço patrimonial em uma conta designada por "intangível");
- capital de giro – costuma ser confundido ora com disponibilidade de recursos em caixa, ora com capacidade de liquidez, mas na realidade envolve todas as destinações de recursos de curto prazo visando atender às operações da empresa.

No que diz respeito ao capital de giro, cabe destacar:

- financiamento a clientes – corresponde ao montante de recursos que ficam nas "mãos" dos clientes, em virtude do prazo para pagamento que a empresa lhes concede nas operações de venda de produtos e serviços; por exemplo, se uma empresa vende mensalmente $1 milhão e concede aos seus clientes 30 dias de financiamento, ela tem permanentemente $1 milhão investidos nas "mãos" dos seus clientes; se esse prazo de financiamento for de 45 dias, o valor do financiamento aumentará para $1,5 milhão; se tal prazo for ainda mais prolongado, digamos, 60 dias, o valor do financiamento será de $2 milhões, e assim por diante;
- estocagem – corresponde ao montante de recursos que a empresa investe em produtos acabados e matérias-primas

para manutenção de seu negócio; representa uma garantia ao seu funcionamento normal, na medida em que diminui a possibilidade de interrupção.

Portanto, o capital de giro deve ser visto como uma destinação de recursos, tal como demonstrado na figura 5.

Figura 5
Capital de giro

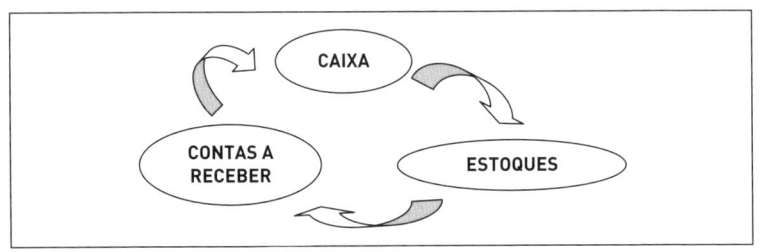

Como se pode perceber, os recursos em caixa são utilizados na aquisição dos estoques, que por sua vez, ao serem vendidos a prazo, se transformam em contas a receber. Por ocasião do recebimento, os recursos retornam ao caixa e ficam disponíveis para que seja iniciado um novo ciclo. A figura também procura mostrar que os recursos permanecem retidos no capital de giro da operação sem que se possa retirá-los, ou seja, qualquer retirada, mesmo que parcial, certamente terá consequências nocivas ao desempenho da operação. Por exemplo, a redução dos recursos destinados para financiar os clientes, mediante redução dos prazos de financiamento, provavelmente acarretará a redução do volume das vendas. Por outro lado, a redução do nível de destinações para estoques poderá prejudicar a continuidade das operações, seja pela interrupção da produção por falta de matérias-primas, no caso da indústria, seja pela queda nas vendas por falta de produtos nas prateleiras, no caso do comércio.

Resumindo os conceitos até aqui apresentados, a operação da empresa pode ser entendida conforme representado na figura 6.

Figura 6
Fontes e destinações de recursos

DESTINAÇÕES DOS RECURSOS	FONTES DOS RECURSOS
CAPITAL DE GIRO: 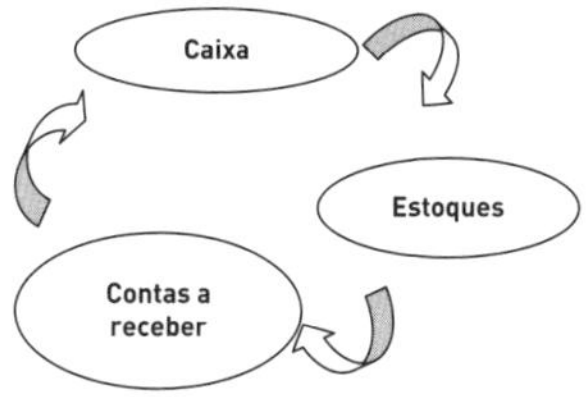 Caixa, Estoques, Contas a receber	**RECURSOS DE TERCEIROS:** **Operacionais:** Fornecedores / Governo / Prestadores de serviços / Clientes / Empregados **Financeiros:** Bancos
	RECURSOS PRÓPRIOS: Recursos aplicados pelos proprietários
CAPITAL FIXO: Imobilizações e Gastos diferidos	(+) Lucros retidos

Consolidados os conceitos apresentados na figura 6, vejamos agora a necessidade de capital de giro, que deve ser entendida como a diferença entre o capital de giro empregado nas operações e os financiamentos de capital de giro, definidos como as obrigações assumidas naturalmente na realização das operações. Assim, o negócio da empresa adquire a configuração mostrada no quadro 2.

Quadro 2
Fontes e destinações de recursos

DESTINAÇÕES DOS RECURSOS	FONTES DOS RECURSOS
NECESSIDADE DE CAPITAL DE GIRO: Capital de giro (-) Financiamentos do capital de giro (recursos de terceiros operacionais)	**RECURSOS DE TERCEIROS:** Bancos
	RECURSOS PRÓPRIOS: Recursos aplicados pelos proprietários (+) Lucros retidos
CAPITAL FIXO: Imobilizações e Gastos diferidos	

O negócio se resumirá no seguinte: a empresa destina recursos para financiar a necessidade de capital de giro e o capital fixo, e essa destinação visa obter um determinado resultado que devemos identificar como retorno, representado pela relação entre receitas, custos e despesas. Por outro lado, essa destinação de recursos é financiada pelas fontes dos recursos a um determinado custo financeiro. No caso dos financiamentos concedidos pelos bancos, o custo efetivo para a empresa deve levar em conta os juros cobrados pelas instituições financeiras, menos o abatimento de imposto de renda proporcionado por essas despesas financeiras. No caso dos financiamentos do capital próprio, o custo é a remuneração esperada pelos proprietários, conceitualmente composta do custo do dinheiro no tempo (remuneração livre de risco), mais a remuneração desejada pelo risco do negócio.

O exemplo a seguir procura mostrar os efeitos dos custos do financiamento. Uma empresa vende mensalmente $10 milhões, concedendo um prazo de 30 dias aos seus clientes. Os recursos que financiam a empresa têm um custo de 5% ao mês. Assim, o custo mensal incorrido pela empresa para financiar seus clientes é o seguinte: $10.000.000 × 5% = $500.000. Se essa empresa cogitar a possibilidade de incrementar suas vendas em 20%, aumentando para 60 dias o prazo de financiamento aos clientes, deverá levar em conta que o novo custo mensal do financiamento será o seguinte: $12.000.000 × 5% × 2 = $1.200.000. Esse entendimento é fundamental para a análise da viabilidade da expansão do negócio, pois em muitos casos o incremento de resultados provocado pelo aumento das receitas é menor que a elevação do custo para financiar os clientes.

Podemos também identificar a influência do custo do financiamento examinando a política de estocagem adotada pela empresa e seu reflexo no resultado. Por exemplo: determinada empresa pratica uma política de estocagem que a obriga a manter permanentemente $20 milhões investidos em estoques de matérias-primas e produtos. Caso essa empresa se financie com recursos que custam 4% ao mês, ela terá o seguinte custo de estocagem: $20.000.000 × 4% = $800.000 por mês. Se a empresa tivesse alternativas de fornecimento que lhe permitissem adotar como política de estocagem um investimento permanente de $10 milhões em estoques de matérias-primas e produtos, seu custo de financiamento da estocagem passaria a ser: $10.000.000 × 4% = $400.000 por mês.

O impacto dos tributos na composição dos custos e na formação dos preços

Para facilitar a compreensão desse tópico, apresentamos a seguir uma demonstração de resultados hipotética, na qual se destacam os principais efeitos tributários incidentes sobre as operações de uma empresa que industrializa, vende e presta serviços. Note-se que no exemplo apresentado constam apenas os principais tributos, ou seja, aqueles que incidem sobre as receitas, também denominados tributos indiretos, a saber: ICMS, IPI, PIS, Cofins e ISS, bem como os que incidem sobre o resultado gerado pela empresa, que são o imposto de renda e a contribuição social. Não se mencionam alguns tributos de menor expressão, mas que também causam impacto no resultado e no preço, tais como IPTU e IPVA, que têm bases de cálculo diversas. Da mesma forma, não se incluíram encargos sociais como o INSS, incidente sobre o trabalho assalariado ou autônomo. Mesmo assim, o que se pode perceber é que a carga tributária sobre os resultados de uma empresa, qualquer que seja a sua atividade, atinge patamar muito expressivo. No exemplo apresentado, supondo que o preço do produto seja $1, o impacto tributário, incluindo também os impostos e encargos sociais, corresponderia a mais de $0,30.

O resultado da empresa e o impacto tributário

Receitas brutas	**16.000.000**	
(-) Impostos e contribuições	(3.758.000)	
ICMS sobre vendas	(1.800.000)	
IPI sobre vendas	(1.200.000)	
PIS sobre vendas e serviços	(198.000)	
COFINS sobre vendas e serviços	(360.000)	
ISS sobre serviços	(200.000)	
(=) Vendas líquidas	**12.242.000**	
(-) Custos dos produtos e serviços	(5.600.000)	
Matérias-primas	(2.716.000)	
COFINS s/ matérias-primas	(84.000)	
Mão de obra direta	(1.176.000)	
INSS s/ mão de obra direta	(504.000)	
Serviços de pessoas jurídicas	(543.200)	
COFINS s/ serviços de pessoas jurídicas	(16.800)	
Mão de obra indireta	(313.600)	
INSS s/ mão de obra indireta	(134.400)	
Outros custos indiretos	(112.000)	
(=) Resultado operacional bruto	**6.642.000**	
(-) Despesas operacionais	(4.500.000)	
Administrativas	(1.350.000)	
Salários	(630.000)	
INSS s/ salários	(270.000)	
Outras despesas administrativas	(450.000)	
Comerciais	(2.025.000)	
Salários	(945.000)	
INSS s/ salários	(405.000)	
Serviços prestados por pessoas jurídicas	(436.500)	
COFINS s/ serviços prestados	(13.500)	
Outras despesas de comercialização	(225.000)	
Financeiras	(1.125.000)	
Despesas financeiras	(1.091.250)	
PIS s/ despesas financeiras	(33.750)	
(=) Lucro operacional (LAIR)	**2.142.000**	
(-) Imposto de renda / Contribuição social	(642.600)	
Lucro Líquido do Exercício	**1.499.400**	
RESUMO DO RESULTADO:		
TRIBUTOS	4.400.600	28%
CUSTOS DE PRODUÇÃO	5.600.000	35%
DESPESAS OPERACIONAIS	4.500.000	28%
LUCRO LÍQUIDO	1.499.400	9%
RECEITA BRUTA	**16.000.000**	**100%**

Existem no Brasil mais de 60 diferentes taxas, impostos, encargos e contribuições. Todos nós, direta ou indiretamente, somos contribuintes. Concentrando a análise do impacto tributário no preço pago pelo consumidor final, podemos afirmar que em muitos casos cerca de 40% do preço final de um produto ou serviço correspondem aos tributos incidentes direta ou indiretamente sobre as operações das empresas. O quadro 3, atualizado em fevereiro de 2017, resume as informações que serão apresentadas nesta seção.

Quadro 3
Características dos principais tributos incidentes sobre as operações de empresas no Brasil

Tributo	Competência	Fato gerador	Base de cálculo	Cumulativo?[a]	Alíquotas[b]
ICMS	Estados e Distrito Federal	Circulação de mercadorias	Valor da operação	Não	7 a 19%
ISS	Municipal	Prestação de serviços	Valor da operação	Sim	5%[c]
IRPJ	Federal	Obtenção de resultados positivos	Lucro real, presumido ou arbitrado[d]	Sim	15 e 10%[e]
CSLL	Federal	Obtenção de resultados positivos	Resultado positivo[f]	Sim	9%[g]
IPI	Federal	Venda de produtos industrializados	Valor da operação	Não	Variadas[h]
Cofins	Federal	Geração de receitas	Receitas geradas[i]	Não	7,6%[i]
PIS	Federal	Geração de receitas	Receitas geradas[i]	Não	1,65%[j]
Simples	Federal	Geração de receitas	Receita bruta	Sim	[k, l]

[a] Os tributos não cumulativos permitem a compensação do que for devido em cada operação com o montante cobrado nas operações anteriores, ou seja, pela aquisição dos insumos. Os cumulativos, por não adotarem essa compensação, são considerados tributos em cascata. Podemos dizer que os tributos não cumulativos incidem sobre o valor agregado da operação, enquanto os cumulativos incidem sobre o valor total da operação.
[b] Em alguns casos apresentam-se apenas as alíquotas mais utilizadas.
[c] Considerado um imposto seletivo em função da essencialidade da prestação do serviço. Assim, cada município fixa alíquotas específicas para cada tipo de serviço.
[d] Lucro real é o lucro contábil ajustado pelas adições, exclusões e compensações autorizadas ou prescritas no Regulamento do Imposto de Renda. O lucro presumido é determinado a partir das receitas do contribuinte. A tributação pelo lucro presumido é admitida para contribuintes que atendam a certos requisitos determinados pela legislação, especialmente quanto à geração de receita, que não poderá superar R$48 milhões por ano. O lucro arbitrado é determinado pela autoridade fiscal, em função de situações especiais verificadas na apuração dos tributos efetuada pelo contribuinte.
[e] Essas alíquotas incidem da seguinte forma: alíquota básica de 15% sobre o lucro real, presumido ou arbitrado, e alíquota adicional de 10% aplicada sobre o lucro real, presumido ou arbitrado superior a R$20 mil por mês.
[f] Calculada nos mesmos moldes da base de cálculo do imposto de renda (d).
[g] Contribuição incidente sempre em conjunto com o imposto de renda.

ʰ Imposto seletivo em função da essencialidade do produto, ou seja, cada produto tem uma alíquota específica.
ⁱ Inclui não só as receitas da operação do contribuinte, como venda de produtos e serviços, mas também outras receitas geradas, tais como receitas financeiras, lucros na venda de bens e variações monetárias ativas, entre outras. Contribuintes tributados pelo lucro presumido pagam Cofins com base na alíquota de 3%.
ʲ Contribuintes tributados pelo lucro presumido pagam PIS na base de 0,65%.
ᵏ As alíquotas são variáveis em função da atividade desempenhada e do valor da receita auferida.
ˡ A tributação pelo Simples é admitida para microempresas e empresas de pequeno porte, especialmente dos segmentos industrial e comercial, que atendam a certos requisitos determinados pela legislação, especialmente quanto à geração de receita, que não poderá superar R$12 milhões por ano. Poucas são as atividades de prestação de serviços que se enquadram nessa modalidade de tributação. A tributação pelo Simples embute os seguintes tributos e encargos: IPI, PIS, Cofins, IRPJ, CSLL e INSS patronal.

Vejamos agora as características e particularidades dos principais tributos (Assef, 2011a; Higuchi, 2007; Neves, 2001).

Imposto sobre circulação de mercadorias e serviços (ICMS)

Característica básica: imposto não cumulativo, compensando-se o que for devido em cada operação relativa à circulação de mercadorias ou prestação de serviços com o montante cobrado nas operações anteriores. Por exemplo:

ICMS incidente sobre a compra de matérias-primas	$50.000
ICMS incidente sobre a venda de produtos	$80.000
ICMS a recolher	$30.000

Se o valor do ICMS sobre as compras superar o valor do ICMS sobre as vendas, o saldo poderá ser compensado em períodos posteriores.

Competência: estados e Distrito Federal.

Fato gerador: a circulação das mercadorias.

Base de cálculo: o imposto incidirá sobre o valor das operações das mercadorias em circulação.

Contribuintes: pessoas jurídicas que promoverem a circulação de mercadorias.

Alíquotas: variáveis em função da legislação do estado ou do Distrito Federal.

Substituição tributária: no caso de alguns produtos (cigarros, bebidas, veículos, remédios), por ocasião da operação de venda, o vendedor (fabricante) cobra do comprador (comerciante) tanto o tributo normal da operação realizada quanto o tributo que o comerciante apuraria em sua operação de venda, com base num preço estimado.

Exemplo numa operação normal:

a) Venda efetuada pelo fabricante:
   Valor da mercadoria sem ICMS   100.000
   (+) ICMS normal da operação   15.000
   (=) Total da nota fiscal   115.000

b) Venda efetuada pelo comerciante:
   Valor da mercadoria sem ICMS   200.000
   (+) ICMS normal da operação   30.000
   (=) Total da nota fiscal   230.000

Obs.: o comerciante recolhe ao governo do seu estado o valor de $15.000, que corresponde à diferença entre o ICMS da venda = $30.000 e o ICMS da compra = $15.000

Exemplo de uma operação com substituição tributária:

a) Venda efetuada pelo fabricante:
   Valor da mercadoria sem ICMS   100.000
   (+) ICMS normal da operação   15.000
   (+) ICMS substituição tributária 15.000
   (=) Total da nota fiscal   130.000

b) Venda efetuada pelo comerciante:
   Valor da mercadoria sem ICMS   200.000
   (+) ICMS normal da operação   30.000
   (=) Total da nota fiscal   230.000

Obs.: nesta modalidade, o comerciante não recolhe mais nada com base na sua receita, uma vez que o imposto incidente sobre a operação de venda ao consumidor final foi cobrado por ocasião da aquisição da mercadoria.

Vale registrar que, se o preço estimado para cálculo do ICMS substituto for diferente do efetivamente praticado, isso ocasionará distorções, sendo o comerciante prejudicado quando o preço estimado superar o praticado.

Imposto sobre produtos industrializados (IPI)

Característica básica: imposto não cumulativo, sendo aplicáveis as mesmas regras válidas para o ICMS.
Competência: União Federal.
Fato gerador: a venda de produtos industrializados.
Base de cálculo: o imposto incidirá sobre o valor das operações.
Contribuintes: pessoas jurídicas que promoverem a industrialização de produtos ou que a elas se equipararem por força da legislação vigente.
Alíquotas: imposto seletivo em função da essencialidade do produto.
Não incidência: sobre produtos industrializados destinados ao exterior.

Imposto sobre serviços (ISS)

Competência: municípios.
Fato gerador: a prestação de serviços.
Base de cálculo: o imposto incidirá sobre o valor das operações de prestação de serviços.
Contribuintes: pessoas jurídicas que realizarem operações de prestação de serviços.
Alíquotas: imposto seletivo em função da essencialidade da prestação do serviço.

Contribuição para financiamento da seguridade social (Cofins)

Característica básica: contribuição não cumulativa, compensando-se com o que for devido em cada operação de geração de receita com o montante cobrado nas operações de compra de produtos e serviços, conforme indica o exemplo.

Cofins incidente sobre a compra de matérias-primas	$50.000
Cofins incidente sobre a venda de produtos	$80.000
Cofins a recolher	$30.000

No caso de o valor da Cofins sobre as compras de produtos e serviços superar o da Cofins sobre as vendas, o saldo poderá ser compensado em períodos posteriores.

Finalidade: financiamento da seguridade social.

Competência: União Federal.

Base de cálculo: receitas auferidas.

Contribuintes: pessoas jurídicas de direito privado em geral e a elas equiparadas pela legislação do imposto de renda.

Alíquota: 7,6%.

Substituição tributária: aplicam-se os mesmos comentários referentes ao ICMS.

Programa de integração social (PIS)

Finalidade: financiar o programa do seguro-desemprego e o abono de um salário mínimo para os empregados que recebem até dois salários mínimos de remuneração mensal.

Característica básica: contribuição não cumulativa, compensando-se o que for devido em cada operação de geração de caixa com o montante cobrado nas operações de compra de produtos e serviços. Por exemplo:

PIS incidente sobre a compra de matérias-primas $50.000
PIS incidente sobre a venda de produtos $80.000
PIS a recolher $30.000

Se o valor do PIS sobre as compras de produtos e serviços superar o valor do PIS sobre as vendas, o saldo poderá ser compensado em períodos posteriores.

Competência: União Federal.

Base de cálculo: receitas auferidas.

Contribuintes: pessoas jurídicas de direito privado em geral e a elas equiparadas pela legislação do imposto de renda.

Alíquota: 1,65%.

Substituição tributária: aplicam-se os mesmos comentários referentes ao ICMS.

Imposto sobre a renda de pessoa jurídica (IRPJ)/Contribuição social sobre o lucro líquido (CSLL)

Competência: União Federal.

Fato gerador: a obtenção de resultados positivos na operação dos contribuintes.

Formas de tributação: as pessoas jurídicas, por opção ou determinação legal, são tributadas por uma das seguintes formas: Simples, lucro presumido, lucro real e lucro arbitrado.

Base de cálculo: a base de cálculo do imposto de renda e da contribuição social, determinada segundo a lei vigente na data de ocorrência do fato gerador, é o lucro real, presumido ou arbitrado, correspondente ao período de apuração. Como regra geral, integram a base de cálculo todos os ganhos e rendimentos de capital, qualquer que seja a denominação que lhes seja dada, independentemente da natureza, da espécie ou da existência de título ou

IMPACTO DO CUSTO FINANCEIRO E TRIBUTÁRIO SOBRE O PREÇO

contrato escrito, bastando que decorram de ato ou negócio que, pela sua finalidade, tenha os mesmos efeitos do previsto na norma específica de incidência do imposto.

Período de apuração: o imposto de renda e a contribuição social serão determinados, conforme opção, por períodos de apuração trimestrais, encerrados nos trimestres civis, ou anualmente.

Alíquotas:

a) imposto de renda
 alíquota básica – 15% incidentes sobre o lucro real, presumido ou arbitrado;
 alíquota adicional – 10% incidentes sobre a parcela do lucro real, presumido ou arbitrado, que exceder R$20 mil por mês.
b) contribuição social – 9% incidentes sobre o lucro real, presumido ou arbitrado.

Para consolidar os conceitos, vejamos agora a simulação da operação de uma empresa, na qual identificaremos os principais procedimentos de cálculo dos tributos, bem como o peso destes no preço dos produtos e serviços.

Vamos apurar o resultado, calcular o imposto de renda e a contribuição social e por fim identificar o reflexo dos tributos no resultado e na receita gerada. Note, leitor, que os valores de receitas e despesas apresentados a seguir estão numa base anual e são meramente ilustrativos.

Preço unitário de venda do produto (sem ICMS)	16,40
Alíquota do ICMS	18%
Preço unitário de venda do produto (com ICMS)	
Cálculo: PU/(1 – alíquota)	20,00
(×) Volume vendido	100.000
(=) Receita de venda	2.000.000
(×) Alíquota do IPI	10%
(=) Receita de venda com IPI	2.200.000

Alíquota do PIS	1,65%
Alíquota da Cofins	7,6%
Valor do PIS = alíquota × receita sem IPI	33.000
Valor da Cofins = alíquota × receita sem IPI	152.000
Receitas com a prestação de serviços	20.000
Alíquota do ISS	5%
Valor do ISS = alíquota × receitas de serviços	1.000
Valor do PIS = alíquota × receitas de serviços	330
Valor da Cofins = alíquota × receitas de serviços	1.520
Receitas de vendas de produtos e serviços	2.220.000
(–) ICMS sobre vendas de produtos	(360.000)
(–) IPI sobre vendas de produtos	(200.000)
(–) PIS sobre vendas de produtos e serviços	(33.330)
(–) Cofins sobre vendas de produtos e serviços	(153.520)
(–) ISS sobre receitas de serviços	(1.000)
(=) Receitas líquidas	1.472.150
(–) Custos dos produtos vendidos	(500.000)
(–) Despesas administrativas, comerciais e financeiras	(360.000)
(–) Encargos do INSS	(60.000)
(–) Outros tributos (IPTU, IPVA)	(30.000)
(=) Lucro antes do imposto de renda/contribuição social (Lair)	522.150
(–) Imposto de renda/contribuição social	(153.531)
(=) Lucro líquido do exercício	368.619

Os cálculos do imposto de renda e da contribuição social são detalhados a seguir.

Cálculo do imposto de renda/contribuição social

(baseado no método do lucro real):

Imposto de renda:
Alíquota básica = (15% × Lair)	78.322
Alíquota adicional = 10% × (Lair – $240.000)	28.215
Imposto de renda	106.538
Contribuição social (9% × Lair)	46.994

IMPACTO DO CUSTO FINANCEIRO E TRIBUTÁRIO SOBRE O PREÇO

O resultado da empresa vem a seguir resumido.

Resumo do resultado:

Receitas	2.220.000	100%
Tributos e encargos	(991.381)	– 44,7%
Custos e despesas da operação	(860.000)	– 38,7%
Lucro líquido do exercício	368.619	16,6%

Podemos concluir, portanto, que a cada $1,00 de preço cobrado pelos produtos e serviços, aproximadamente $0,39 são destinados para cobrir os custos e despesas com a operação, cerca de $0,45 correspondem à carga tributária incidente e aproximadamente $0,17 destinam-se ao proprietário.

Neste capítulo foram apresentados e discutidos os custos financeiros e tributários que devem ser considerados pelos gestores na definição do preço dos produtos e serviços da empresa. Considerando tudo o que foi discutido nos capítulos anteriores, pode-se agora avançar para o próximo capítulo, onde são abordados os métodos de definição de preços.

7
Métodos de definição de preços

De modo geral, os métodos de definição de preços podem ser classificados em três categorias principais:

- baseados em custos;
- baseados na demanda;
- baseados na concorrência.

Devemos levar em conta, porém, que os métodos de definição de preços estarão subordinados aos objetivos maiores da empresa, como vimos no capítulo 3.

Métodos baseados em custos

Existem diversas metodologias para definir os preços a serem praticados. Boa parte das empresas define os preços de seus produtos com base na análise de seus custos, geralmente utilizando um dos seguintes critérios: acréscimos ao custo, análise do ponto de equilíbrio e taxa de retorno.

Determinação de preços por meio de acréscimos ao custo

Algumas empresas definem o seu preço com base no conceito de *mark-up*, ou seja, "marcam para cima" o preço em função dos custos variáveis, de acordo com algum percentual predefinido, como nesta fórmula:

> preço do produto = custos variáveis × (1 + % *mark-up*)

Este exemplo ilustra o conceito:

> CV_{unit} = $200   P = $200 × (1 + 0,15) = $230
> % *mark-up* = 15%

A prática de *mark-up* é muito adotada por varejistas e também por revendedores, uma vez que a parcela principal de seus custos decorre de quanto se paga aos fornecedores pelos produtos que serão revendidos. O *mark-up* varia de produto para produto e depende, entre outros fatores, da prática histórica do setor com relação ao produto em questão, bem como do preço de venda final sugerido pelo fabricante.

Algumas empresas utilizam o conceito de *mark-up* na definição de preços, mas calculam o preço do produto a partir da soma dos custos diretos mais uma parte dos custos indiretos unitários:

> preço do produto = [custos diretos do produto + parcela dos custos indiretos] × (1 + % *mark-up*)

Como vimos, os custos diretos são aqueles em que a empresa somente incorre por conta da produção do próprio produto. Os custos indiretos se referem àqueles custos compartilhados entre vários produtos, como força de vendas e transporte, por exemplo. Na prática, nem sempre é simples definir critérios adequados para a alocação dos custos indiretos. Além disso, é preciso considerar que, ao se ratearem os custos fixos indiretos, os custos unitários, como os constantes das fórmulas apresentadas, dependerão do total de unidades produzidas.

Por vezes, as empresas definem uma quantia em moeda corrente, em vez de um percentual, a ser acrescida ao custo de um produto para definir seu preço. A essa quantia dá-se o nome de *cost plus* ("custo mais"). Ou seja,

$$\text{preço do produto} = \text{custos variáveis} + \textit{cost plus}$$

Este exemplo ilustra o conceito:

CV_{unit} = $200   P = $200 + $30 = $230
cost plus = $30

Algumas empresas utilizam o conceito de margem sobre vendas, ou seja, margem percentual de lucro em relação ao preço de venda. Nesses casos, o preço é assim calculado:

$$\text{preço do produto} = \frac{\text{custos variáveis}}{(1 - \%\text{ margem sobre vendas})}$$

Para ilustrar o conceito, segue um exemplo.

CV_{unit} = $200   P = $200 / (1 − 0,20) = $250
% margem sobre vendas = 20%

Só para conferir:

margem sobre vendas = $250 − $200 = $50
% margem sobre vendas = $50/$250 = 20%

Uma simples reordenação matemática dos termos mostra que % *mark-up* e % margem sobre vendas mantêm uma relação com a margem de contribuição (já definida como preço menos custos unitários):

> % *mark-up* = margem de contribuição/custo unitário
> % margem sobre vendas = margem de contribuição/preço

Evidentemente, a fixação do preço levando em conta apenas o custo da empresa para produzir um determinado produto pode acarretar sérias distorções e defasagem em relação aos preços de mercado. A rigor, esse método deveria prestar-se à determinação de um preço desejado, para que os executivos fiquem sabendo como estão os custos de sua empresa ou suas expectativas de lucro em relação aos concorrentes e às limitações impostas pelo mercado. Por outro lado, nos mercados onde é difícil estimar a demanda, a metodologia *cost plus* tem certo apelo, uma vez que o vendedor imagina que estará sempre cobrindo seus custos unitários em qualquer venda individual.

Nagle e Holden (2003) alertam para uma importante distorção dos métodos de definição de preço baseados em custo: na maioria das indústrias é impossível determinar o custo unitário antes de se definir o preço. Isso porque:

- os custos unitários variam de acordo com o volume de vendas, pois custos fixos rateados sobre diferentes volumes levam a custos unitários diferentes;
- o volume de vendas varia de acordo com o preço.

Ou seja, o custo unitário é um alvo móvel. Pior ainda, é uma decisão de aumentar os preços para cobrir custos fixos mais altos, o que tende a reduzir as vendas e, consequentemente, aumentar ainda mais os custos unitários. Por outro lado, uma redução no preço pode aumentar as vendas (dependendo da elasticidade da demanda, como veremos adiante) e, uma vez que os custos fixos serão diluídos sobre mais unidades, diminuir os custos unitários.

Determinação de preços por meio da análise do ponto de equilíbrio

A análise de ponto de equilíbrio é um método para se definir o número mínimo de unidades que têm que ser vendidas, a um determinado preço, de forma a cobrir todos os *custos* (fixos mais variáveis). A utilização desse método leva em consideração os custos fixos totais (diretos, do produto, ou indiretos, a ele atribuíveis ou alocados) e os custos variáveis. Os custos fixos, por definição, independem da quantidade produzida, e os custos variáveis são aqueles em que a empresa somente incorre se produzir uma unidade adicional do produto. Os custos totais de um produto podem ser representados como na figura 7.

Figura 7
Custos fixos e custos variáveis

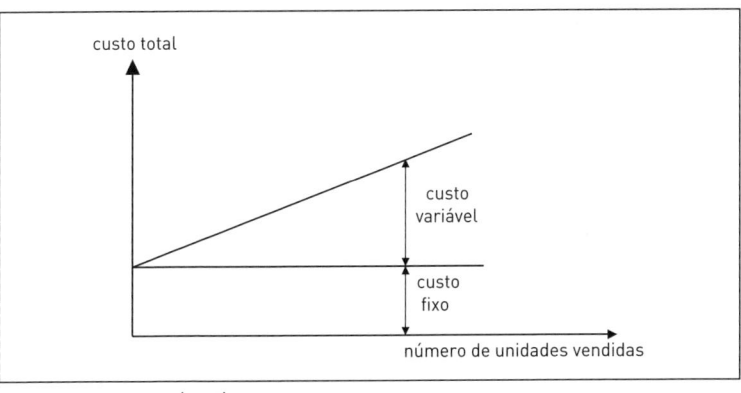

Fonte: Nagle e Holden (2003).

O ponto de equilíbrio é aquele em que a receita total do produto é igual aos seus custos totais (fixos mais variáveis), como mostra a figura 8. Dado um determinado preço, se a empresa vender menos unidades, ela terá prejuízo; se vender mais, terá lucro. Ou seja, a empresa pode fazer simulações para verificar com que volumes, a um dado preço, ela tem lucro ou prejuízo.

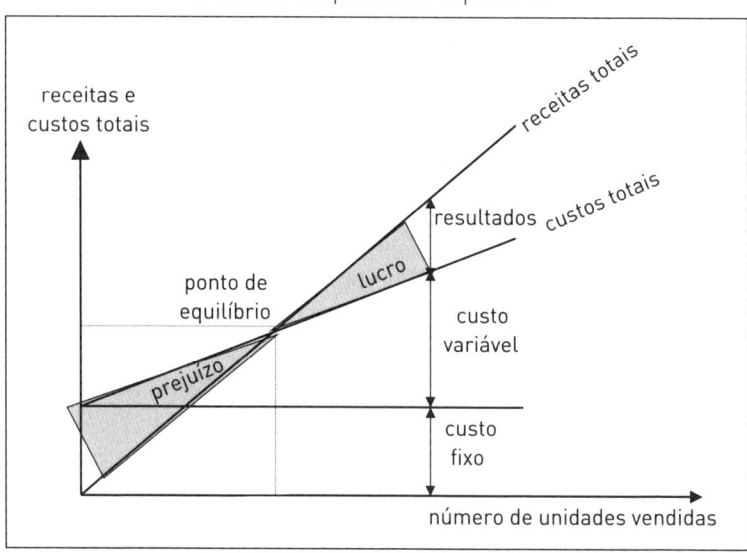

Figura 8
Análise do ponto de equilíbrio

Fonte: Nagle e Holden (2003).

Para calcular o ponto de equilíbrio, devem-se considerar as seguintes variáveis:

- CF_{totais} = custos fixos totais;
- P = preço de venda;
- CV_{unit} = custo variável unitário;

- MC_{unit} = margem de contribuição unitária, que represente o acréscimo no lucro proporcionado por unidade adicional vendida ($MC_{unit} = P - CV_{unit}$);
- MC_{total} = margem de contribuição proporcionada pelo conjunto de todas as unidades vendidas;
- Q = quantidade-alvo de unidades a serem vendidas.

O ponto de equilíbrio é, por definição, a quantidade de produção e venda que torna o lucro contábil igual a zero. Para melhor compreensão desse conceito, vamos adotar o modelo de custeio variável apresentado no capítulo 5 e a seguir resumido:

Receitas	$P \times Q$
(−) Custos variáveis	$CV_{unit} \times Q$
= Margem de contribuição	$(P - CV_{unit}) \times Q$
(−) Custos fixos	CF_{totais}
= Lucro	$MC_{total} - CF_{totais}$

Para ilustrar o conceito de ponto de equilíbrio, segue um exemplo.

$CF_{totais} = \$40.000$
$P = \$10$
$CV_{unit} = \$6$

Receitas	$10 \times Q$
(−) Custos variáveis	$6 \times Q$
= Margem de contribuição	$4 \times Q$
(−) Custos fixos	40.000
= Lucro	0

Cálculo do ponto de equilíbrio
$4 \times Q - 40.000 = 0$
$Q = 40.000 / 4 = 10.000$ unidades
Receita = $10 \times 10.000 = \$100.000$

Ou seja, no ponto de equilíbrio, $Q = CF_{totais}/MC_{unit}$.

E as receitas no ponto de equilíbrio são dadas por: receitas = $P \times Q$.

Na prática, muitos executivos estipulam determinadas metas de lucro total ou de margem de lucro (margem sobre vendas). Um exemplo numérico ajudará a esclarecer.

CF_{totais} = $40.000
P = $10
CV_{unit} = $6
Meta de lucro total = **$20.000**

Receitas	10 x Q	Cálculo do ponto de equilíbrio
(-) Custos variáveis	6 x Q	4 x Q - 40.000 = 20.000
= Margem de contribuição	4 x Q	Q = (20.000 + 40.000) / 4 = 15.000 unidades
(-) Custos fixos	40.000	
= Lucro	20.000	Receita = 10 x 15.000 = $150.000

A meta de lucro pode também ser definida como um percentual das vendas. Exemplo:

CF_{totais} = $40.000
P = $10
CV_{unit} = $6
Meta de lucro total = **20%** sobre vendas

Receitas	10 x Q	Cálculo do ponto de equilíbrio
(-) Custos variáveis	6 x Q	4 × Q - 40.000 = 20% × (10 × Q)
= Margem de contribuição	4 x Q	4 × Q - 40.000 = 2 × Q
(-) Custos fixos	40.000	Q = 40.000 / 2 = 20.000 unidades
= Lucro	20% × (10 × Q)	Receita = 20.000 × 10 = $200.000

Como visto nos exemplos apresentados, o modelo de custeio variável permite calcular o ponto de equilíbrio, ou seja, a quantidade mínima a ser vendida, a um dado preço, para que se atinjam as metas de lucro definidas pela empresa. No entanto, o problema pode ser definido de outra maneira: dada uma determinada expectativa de

MÉTODOS DE DEFINIÇÃO DE PREÇOS

unidades a serem vendidas, qual deveria ser o preço mínimo para garantir a meta de lucro almejada? Vamos a um exemplo:

> Expectativa de vendas = **10.000** unidades
> CF_{totais} = $40.000
> CV_{unit} = $6
> Meta de lucro total = **$0**

Receitas	P × 10.000
(-) Custos variáveis	6 × 10.000
= Margem de contribuição	(P − 6) × 10.000
(-) Custos fixos	40.000
= Lucro	0

Cálculo do ponto de equilíbrio
(P − 6) × 10.000 − 40.000 = 0
P = 40.000 / 10.000 + 6 = $10
Receita = 10 × 10.000 = $100.000

O modelo do ponto de equilíbrio tem como limitação o fato de assumir que os custos variáveis crescem linearmente, ou seja, ele considera que a cada unidade adicional produzida ocorre o mesmo acréscimo nos custos totais. Isso não é necessariamente verdade, pois os ganhos decorrentes de economias de experiência e da alavancagem do poder de negociação com fornecedores, provocado pelo maior volume de compras, podem afetar a suposta linearidade. O modelo, tal como exposto, também assume que os custos fixos serão os mesmos, independentemente do volume de produção. Contudo, a superação de limitações de produção geralmente implica a necessidade de novos investimentos e outros custos fixos, os quais, a partir daí, se manterão constantes até que seja preciso ultrapassar esse novo limite de produção.

Outra limitação do modelo é que nem sempre é simples ratear os custos fixos da empresa entre os diversos produtos para se definir o custo fixo total do produto em análise. Nesse caso, sugere-se utilizar apenas os custos fixos *diretos* do produto em análise. Além disso, o modelo do ponto de equilíbrio não tece considerações sobre a demanda, pois em nenhum momento verifica se os consumidores estariam efetivamente dispostos a comprar as ditas quantidades pelos preços nele simulados.

Naturalmente, seria necessário acrescentar ao modelo considerações sobre a sensibilidade ao preço e as expectativas de preço dos consumidores, sobre a existência e o tamanho de segmentos de mercado específicos, e sobre a real atratividade de produtos substitutos conforme os diferentes níveis de preço do nosso produto. As informações daí resultantes são claramente mais difíceis de estimar que as informações de custo, pois dependem de percepções, atitudes e expectativas.

Caso a empresa trabalhe com mais de um produto e deseje calcular quais seriam os diversos pontos de equilíbrio, o problema pode ser expresso da seguinte forma (para simplificar, considerou-se que a empresa vende apenas três produtos):

- $L_{meta} = (MC_{unit\_1} \times Q_1 + MC_{unit\_2} \times Q_2 + MC_{unit\_3} \times Q_3) - CF_{totais}$;
- MC_{unit_i} = margem de contribuição unitária do produto i;
- Q_i = ponto de equilíbrio (quantidade a ser vendida) do produto i.

Obviamente, a empresa teria certa liberdade para estabelecer as margens de contribuição e, portanto, os preços e as quantidades de cada produto em função das margens de contribuição e das quantidades dos demais. A empresa pode decidir impulsionar as vendas do produto que tenha maior margem de contribuição individual. Contudo, não se devem estabelecer expectativas de vendas de um determinado produto que sejam superiores à capacidade atual de produção da empresa; ou, então, devem-se levar em conta os novos custos de capital e os custos operacionais decorrentes de um eventual acréscimo à capacidade produtiva. Deve-se atentar também para o fato de que um aumento de vendas não vem do nada. Para impulsionar as vendas de um produto, provavelmente a empresa terá que gastar mais em propaganda, promoções ou melhorias no produto, o que significa novos itens de custo que devem ser considerados nos cálculos.

E quanto aos lucros? Os executivos devem se perguntar:

- Qual o volume adicional de vendas necessário para garantir um lucro adicional após uma determinada redução no preço?
- Qual o volume máximo de vendas que a empresa pode perder e ainda assim ter um lucro adicional a partir de um aumento de preço?

Cabe também analisar qual deveria ser o aumento mínimo nas vendas para compensar um aumento nos custos variáveis ou nos custos fixos – por exemplo, gastos com propaganda ou com pesquisa e desenvolvimento para melhoria do produto e estímulo à venda. Essas questões podem ser respondidas por meio de uma análise do ponto de equilíbrio mais sofisticada. Ou seja, a diferença é que, nesse caso, não se procura saber qual volume de vendas traria um lucro zero (isto é, cobriria todos os custos), e sim o novo volume de vendas que daria pelo menos o mesmo lucro que a situação-base anterior.

As variáveis a serem levadas em consideração para esse cálculo são: as alterações nos custos variáveis causadas por eventuais descontos por volume na compra de insumos ou por mudanças no produto ou nas formas de promoção; os custos fixos incrementais (por exemplo, novas instalações ou equipamentos); e, naturalmente, qualquer alteração proposta no preço. A seguir são apresentadas várias situações particulares em que apenas uma ou algumas dessas variáveis são simultaneamente modificadas. Ao final apresenta-se a situação mais geral, na qual *todas* as variáveis (custos variáveis, custos fixos e preço) são simultaneamente modificadas. As fórmulas e os exemplos aqui utilizados foram extraídos de Nagle e Holden (2003).

Para facilitar o entendimento, as fórmulas a seguir serão ilustradas com exemplos de uma empresa hipotética na qual a configuração atual de preços, custos e volume de vendas é:

Vendas	4.000 unidades / ano
Preço	$10 / unidade
Receita total	$40.000 / ano
Custos variáveis	$5,50 / unidade
Custos fixos	$15.000 / ano

Vamos avaliar os impactos com o mesmo modelo de custeio variável:

	Situação atual
Receitas	10 x 4.000 = 40.000
(-) Custos variáveis	5,5 x 4.000 = 22.000
= Margem de contribuição	4,5 x 4.000 = 18.000
(-) Custos fixos	15.000
= Lucro	3.000

Mudança proativa no preço

É uma mudança por iniciativa da própria empresa, ou seja, não "imposta" pela concorrência. A empresa estuda conceder um desconto no preço de venda e precisa avaliar qual deve ser o aumento mínimo na quantidade vendida que garanta um incremento no lucro. A situação é graficamente ilustrada na figura 9.

Exemplo: qual o aumento mínimo na quantidade vendida que compensaria um desconto de 5% no preço de venda? Ou seja, o novo preço sugerido seria de $10 \times (1-5\%) = \$9,50$.

MÉTODOS DE DEFINIÇÃO DE PREÇOS

	Nova situação
Receitas	9,5 × Q
(-) Custos variáveis	5,5 × Q
= Margem de contribuição	4 × Q
(-) Custos fixos	15.000
= Lucro	3.000

Cálculo da nova quantidade
4 × Q − 15.000 = 3.000
Q = (3.000 + 15.000) / 4 = 4.500 unidades
Variação % = (4.500 / 4.000 − 1) × 100 = 12,5%

Isso quer dizer que, se as vendas não aumentarem no mínimo em 12,5% (no caso, 500 unidades a mais por ano), a redução de $0,50 no preço diminuirá o lucro da empresa.

Figura 9
Ponto de equilíbrio de vendas após mudança no preço

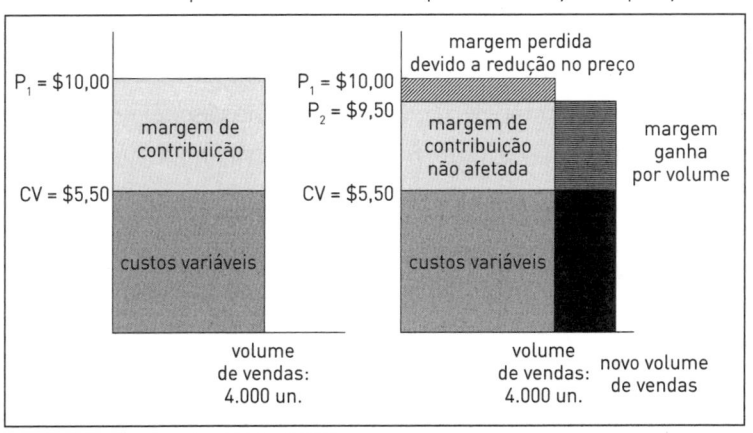

Fonte: Adaptado de Nagle e Holden (2003).

Mudança somente nos custos variáveis

Por vezes é necessário realizar algumas mudanças nos custos variáveis, para poder vender mais. Por exemplo, uma embalagem mais elaborada pode alavancar as vendas, assim como uma promoção em que cada produto é embalado com um brinde. Nesses casos, a empresa está interessada em calcular o aumento mínimo nas vendas necessário para garantir uma contribuição total positiva ao lucro da empresa.

Exemplo: qual o aumento mínimo na quantidade vendida que compensaria um aumento de $0,25 no custo variável unitário?

Nova situação		Cálculo da nova quantidade
Receitas	10 × **Q**	4,25 × **Q** − 15.000 = 3.000
(−) Custos variáveis	5,75 × **Q**	**Q** = (3.000 + 15.000) / 4,25 = 4.235 unidades
= Margem de contribuição	4,25 × **Q**	
(−) Custos fixos	15.000	Variação % = (4.235 / 4.000 − 1) × 100 = 5,9%
= Lucro	3.000	

Ou seja, espera-se que as medidas tomadas pela empresa, que aumentam os custos variáveis unitários em $0,25/unidade, resultem num aumento mínimo de 5,9% nas vendas (no caso, 235 unidades a mais por ano). Do contrário, não valerá a pena tomar tais medidas.

Mudança somente nos custos variáveis e no preço

De modo geral, contudo, pode-se considerar uma mudança simultânea no preço e nos custos variáveis – por exemplo, uma embalagem melhor para justificar um aumento de preço, ou uma simplificação no produto para reduzir custos e compensar uma diminuição de preço.

Exemplo: suponha que a empresa decidiu reduzir o preço em 5% como forma de compensar uma perda de qualidade em seu produto causada pela substituição de uma das matérias-primas por outra inferior, com a consequente redução de $0,22 nos custos variáveis unitários. Vamos calcular o aumento mínimo nas vendas que compensaria tais variações no preço e no custo (figura 10).

MÉTODOS DE DEFINIÇÃO DE PREÇOS

	Nova situação	Cálculo da nova quantidade
Receitas	9,5 × **Q**	4,22 × **Q** − 15.000 = 3.000
(−) Custos variáveis	5,28 × **Q**	**Q** = (3.000 + 15.000) / 4,22 = 4.265 unidades
= Margem de contribuição	4,22 × **Q**	
(−) Custos fixos	15.000	Variação % = (4.265 / 4.000 − 1) × 100 = 6,6%
= Lucro	3.000	

Como se vê, o aumento percentual mínimo nas vendas que compensaria tais variações no preço e nos custos é de 6,6% (equivalente a 265 unidades adicionais por ano).

Figura 10
Ponto de equilíbrio de vendas após mudança no preço e nos custos variáveis

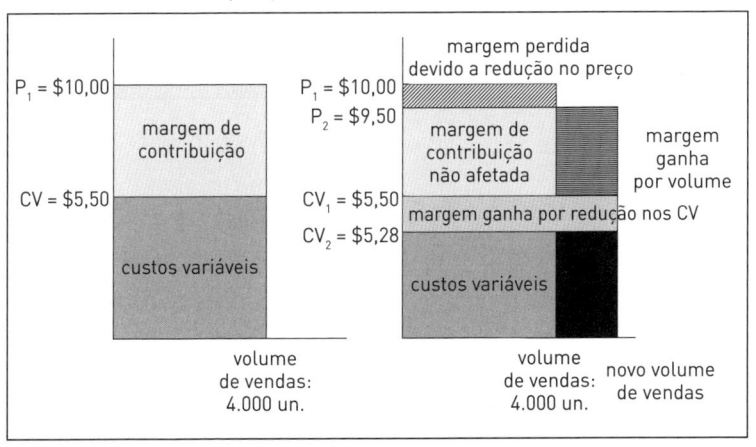

Diagrama com duas colunas comparativas:

Coluna 1: $P_1 = \$10{,}00$; $CV = \$5{,}50$; margem de contribuição; custos variáveis; volume de vendas: 4.000 un.

Coluna 2: $P_1 = \$10{,}00$; $P_2 = \$9{,}50$; $CV_1 = \$5{,}50$; $CV_2 = \$5{,}28$; margem perdida devido a redução no preço; margem de contribuição não afetada; margem ganha por redução nos CV; margem ganha por volume; custos variáveis; volume de vendas: 4.000 un.; novo volume de vendas.

Fonte: Adaptado de Nagle e Holden (2003).

Mudança somente nos custos fixos

Quando a empresa decide incorrer em custos fixos adicionais para poder incrementar as vendas (por exemplo, custos de mídia ou de reprojeto de embalagem, ou contratação de novos funcionários mais capacitados), devem-se vender unidades adicionais a fim de que tal aumento de custo fixo seja justificável. Supondo que não haja alteração no preço nem nos custos variáveis, deseja-se saber o aumento mínimo necessário no número de unidades vendidas para garantir uma contribuição total positiva ao lucro da empresa.

Exemplo: qual o aumento mínimo na quantidade vendida que compensaria um aumento de 10% nos custos fixos? Nesse caso específico, os custos fixos totais passariam de $15.000 para 15.000 × (1 + 10%) = $16.500.

Nova situação		Cálculo da nova quantidade
Receitas	10 × **Q**	4,5 × **Q** − 16.500 = 3.000
(−) Custos variáveis	5,5 × **Q**	**Q** = (3.000 + 16.500) / 4,5 = 4.333 unidades
= Margem de contribuição	4,5 × **Q**	
(−) Custos fixos	16.500	Variação % = (4.333 / 4.000 − 1) × 100 = 8,3%
= Lucro	3.000	

Mudança em todas as três variáveis

A situação mais geral é aquela em que a empresa decide variar sua estrutura de custos fixos e variáveis e, ao mesmo tempo, variar seu preço correspondentemente.

Exemplo: vamos rever a hipótese de redução de $0,22 no custo variável unitário e de $0,50 no preço, o que exigiria um aumento na quantidade vendida para não haver queda no lucro. Suponhamos que a empresa atualmente esteja operando em sua capacidade máxima e que, para fazer face a um aumento nas vendas, tenha que instalar novos equipamentos a um custo fixo adicional de $800 por ano, incluindo operação e manutenção. Vamos calcular o aumento na quantidade mínima vendida que compensaria tais variações no preço e nos custos.

MÉTODOS DE DEFINIÇÃO DE PREÇOS

	Nova situação	Cálculo da nova quantidade
Receitas	9,5 × **Q**	4,22 × **Q** − 15.800 = 3.000
(−) Custos variáveis	5,28 × **Q**	**Q** = (3.000 + 15.800) / 4,22 = 4.455 unidades
= Margem de contribuição	4,22 × **Q**	
(−) Custos fixos	15.800	Variação % = (4.455 / 4.000 − 1) × 100 = 11,4%
= Lucro	3.000	

Mudança reativa nos preços

É preciso considerar que nem sempre é a nossa empresa que toma a iniciativa de mudar os preços. Por exemplo, quando um concorrente baixa seu preço, a empresa deve se perguntar: qual a percentagem máxima de vendas que eu posso perder, mantendo meu preço atual, e ainda assim ficar numa situação de lucro melhor do que se acompanhasse integralmente a redução de preço do concorrente? E, quando um concorrente aumenta seu preço, a empresa deve se perguntar: qual a percentagem mínima de vendas que eu devo ganhar, mantendo meu preço atual, para ficar numa situação de lucro mais favorável do que se acompanhasse integralmente o aumento de preço do concorrente?

Exemplo numérico: suponha que o principal competidor da empresa reduziu seus preços em 5%. Se os clientes da empresa forem suficientemente fiéis, talvez não valha a pena acompanhar a redução de preço. Por outro lado, se eles forem bastante sensíveis ao preço, talvez seja necessário baixar o preço para não perder um grande volume de vendas. Qual seria, então, o limite de perda de vendas que ainda justificaria acompanhar integralmente a redução de preço do concorrente?

	Redução preço 5%	Redução quantidade
Receitas	9,5 × 4.000 = 38.000	10 × Q
(-) Custos variáveis	5,5 × 4.000 = 22.000	5,5 × Q
= Margem de contribuição	4,0 × 4.000 = 16.000	4,5 × Q
(-) Custos fixos	15.000	15.000
= Lucro	1.000	1.000

Cálculo da nova quantidade
4,5 × Q − 15.000 = 1.000
Q = (1.000 + 15.000) / 4,5 = 3.556 unidades
Variação % = (3.556 / 4.000 − 1) × 100 = −11,1%

Caso nossa empresa julgue que perderá mais de 11,1% das vendas se não baixar o preço, então será melhor acompanhar a redução do concorrente. Por outro lado, se ela julgar que as vendas não cairão tanto, será pior acompanhar integralmente a redução de preço do que manter o preço atual e perder parte do volume para o concorrente. Naturalmente, nossa empresa poderia considerar a possibilidade de uma redução intermediária no preço e estimar como isso afetaria o volume e o lucro total.

Se a queda no preço do concorrente fosse de 15%, por exemplo, a empresa não teria condições de acompanhar integralmente essa redução, pois isso acarretaria prejuízo, conforme demonstrado a seguir.

	Redução preço 15%
Receitas	8,5 × 4.000 = 34.000
(-) Custos variáveis	5,5 × 4.000 = 22.000
= Margem de contribuição	3,0 × 4.000 = 12.000
(-) Custos fixos	15.000
= Lucro	−3.000

Nessa situação, caso não haja fidelidade dos consumidores e a queda nas vendas seja expressiva, se a empresa não conseguir uma redução de custos será obrigada a descontinuar o produto.

Poderíamos, por fim, calcular a queda máxima no preço ou na quantidade suportável pela empresa em função de seu ponto de equilíbrio.

	Redução preço	Redução quantidade
Receitas	P × 4.000	10 × Q
(-) Custos variáveis	5,5 × 4.000	5.5 × Q
= Margem de contribuição	(P − 5,5) × 4.000	4.5 × Q
(-) Custos fixos	15.000	15.000
= Lucro	0	0

Cálculo do ponto de equilíbrio
(P − 5,5) × 4.000 − 15.000 = 0
P = 15.000 / 4.000 + 5,5 = 9,25
Variação % = (9,25 / 10,0 − 1) × 100 = −7,5%

Cálculo do ponto de equilíbrio
4,5 × Q − 15.000 = 0
Q = 15.000 / 4,5 = 3.333 unidades
Variação % = (3.333 / 4.000 − 1) × 100 = − 16,7%

Como demonstrado, a empresa suporta uma queda máxima de 16,7% no volume de vendas, sem alteração no preço, e uma queda máxima de 7,5% no preço, sem alteração na quantidade.

Segundo Nagle e Holden (2003), é sempre importante lembrar que perspectivas de longo prazo podem sobrepor-se às implicações de lucro de curto prazo relativas à decisão de reagir a uma mudança no preço do concorrente. Contudo, para poder realizar esse julgamento adequadamente é preciso primeiro determinar essas implicações de curto prazo, pois em algumas situações a posição competitiva futura não justifica os custos de curto prazo.

Determinação de preços em função da taxa de retorno

Já vimos duas metodologias para definição de preços a partir dos custos: uma baseada em acréscimos ao custo e outra baseada na análise do ponto de equilíbrio. Uma terceira forma de a empresa definir seu preço com base nos custos é a partir da taxa de retorno exigida para seus investimentos no produto. Nesse caso, o custo relevante é o custo de capital, ou seja, o retorno (rentabilidade) mínimo exigido pela empresa sobre os investimentos realizados – sendo tal retorno definido como a razão entre *lucro* e *ativos*. Os ativos incluem terrenos, imóveis, equipamentos e estoques, além de alguns outros itens que, contabilmente, nem sempre são classificados na conta de ativos, e sim na de *despesas operacionais*, como desembolsos com pesquisa e desenvolvimento ou com propaganda para lançamento.

No fundo, esse método de definição de preço é um caso particular do cálculo do ponto de equilíbrio com uma meta de lucro definida. Nesse caso, a meta de lucro é dada por:

$$L_{meta} = Inv \times tr$$

onde:

- L_{meta} = meta de lucro;
- Inv = investimentos no produto;
- tr = taxa de retorno exigida pelos acionistas.

Por exemplo, suponhamos que a empresa deseje obter uma taxa de retorno de 20% ao ano sobre um produto cujos investimentos (fábrica, pesquisa, outros custos pré-operacionais) consumiram $7,5 milhões. Ou seja:

- investimentos = $7.500.000;
- taxa de retorno exigida = 20% ao ano;
- meta de lucro = $7.500.000 × 20% = $1.500.000.

Supondo que o custo variável unitário seja $12, que os custos fixos totais sejam iguais a $1 milhão e que a quantidade estimada de vendas no período – no caso, um ano, já que foi definida uma taxa de retorno anual – seja 250 mil unidades, então o preço seria assim calculado:

Receitas	P × 250.000	Cálculo do ponto de equilíbrio
(-) Custos variáveis	12 × 250.000	(**P** – 12) × 250.000 – 1.000.000 = 1.500.000
= Margem de contribuição	(P – 12) × 250.000	**P** = (1.500.000 + 1.000.000) / 250.000 + 12 = $22
(-) Custos fixos	1.000.000	Receita = 250.000 × 22 = $5.500.000
= Lucro	1.500.000	

A principal deficiência desse método é considerar que a demanda é dada independentemente do preço a ser definido.

Métodos baseados na demanda

Além dos métodos baseados no custo, as empresas podem também se valer de métodos baseados nas características da demanda para estabelecer seus preços. A análise do ponto de equilíbrio modificada é um desses métodos e pressupõe que a empresa seja capaz de estimar, ainda que de forma relativamente imprecisa, as reações da demanda.

Análise do ponto de equilíbrio modificada

A análise de ponto de equilíbrio modificada (Boone e Kurtz, 1998) incorpora considerações sobre demanda ao modelo tradicional. Como se pode ver no quadro 4, a faixa de preços a ser praticada vai de aproximadamente $8 até um pouco mais de $10, estando em torno de $9 o ponto que geraria os maiores lucros. A vantagem da utilização do modelo modificado é que assim o profissional se obriga a ponderar se os consumidores estariam dispostos a comprar a quantidade necessária para se atingir o ponto de equilíbrio ao preço determinado. O modelo modificado também deixa claro que nem sempre maiores quantidades de venda levam a maiores lucros, caso o estímulo ao aumento de vendas advenha de uma redução no preço. Contudo, nem mesmo esse modelo leva em conta, de forma precisa, a reação da concorrência, que pode também baixar ou aumentar os preços ou realizar outras ações de marketing e assim alterar a expectativa de quantidades a serem vendidas pela empresa.

Quadro 4
Dados ilustrativos para análise de
ponto de equilíbrio modificada

	Preço	$15	$10	$9	$8	$7
Receitas	Quantidade vendida*	2.500	10.000	13.000	14.000	15.000
	Receita total	37.500	100.000	117.000	112.000	105.000
Custos	Custo fixo total	40.000	40.000	40.000	40.000	40.000
	Custo variável unitário	5	5	5	5	5
	Custo variável total	12.500	50.000	65.000	70.000	75.000
	Custo total	52.500	90.000	105.000	110.000	115.000
Ponto de equilíbrio**		4.0000	8.000	10.000	13.334	20.000
Lucro (prejuízo) total		(15.000)	10.000	12.000	2.000	(10.000)

* Expectativa de vendas ao preço dado.
** Quantidade de produtos vendidos necessária para compensar os custos totais.

Estimativa da demanda

Em geral, quanto maior o preço cobrado por um produto, menor tende a ser a demanda. Contudo, para produtos de prestígio ou de exclusividade, essa curva costuma ser ascendente, até um determinado limite de preço alto (considerado extorsivo), ou seja, quanto mais caro um produto, mais forte a imagem de *status* e de prestígio social que ele transfere a quem o adquire e maior a propensão à compra pelo segmento que valoriza *status*.

Define-se *elasticidade da demanda* como a variação percentual na quantidade demandada dividida pela variação percentual no preço. Diz-se que a demanda é *elástica* quando pequenas variações no preço provocam grandes variações na quantidade demandada. Por sua vez, a demanda é dita *inelástica* quando não se verificam grandes variações na quantidade demandada, mesmo havendo significativas variações nos preços (figura 11).

Figura 11
Elasticidade-preço/demanda

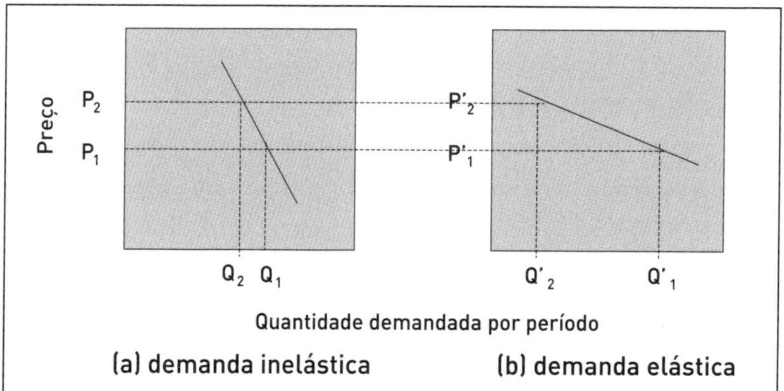

[Gráfico: (a) demanda inelástica — eixo Preço com P_2 e P_1, eixo Quantidade demandada por período com Q_2 e Q_1; (b) demanda elástica — P'_2, P'_1, Q'_2, Q'_1]

Fonte: Kotler e Keller (2012).

A elasticidade da resposta do consumidor às variações no preço depende de diversos fatores, tais como a existência e o conhecimento de produtos substitutos, a percepção do produto como necessidade ou como item de *status* e o preço do produto em proporção ao orçamento do comprador, entre outros. Note-se que até então vínhamos usando a expressão *sensibilidade ao preço* para nos referirmos ao que está sendo aqui definido como *elasticidade da demanda*.

A curva de elasticidade da demanda deve ser interpretada com cautela, uma vez que:

- a elasticidade pode depender da magnitude e da direção da variação de preço;
- a elasticidade de longo prazo pode ser diferente da elasticidade de curto prazo;
- os compradores podem não notar mudanças no preço;
- pode ser difícil ou inconveniente buscar novo fornecedor.

Um dos meios de estimar qual seria a demanda em diferentes níveis de preço é efetuar uma pesquisa com os consumidores para saber quanto eles estariam dispostos a pagar. Simplificando, podemos supor que os preços dos concorrentes não mudariam (considerações sobre preços e reações dos concorrentes serão tecidas mais adiante e no capítulo 8). Contudo, as respostas seriam pouco úteis porque: frequentemente os consumidores não sabem antecipar quanto estariam dispostos a pagar por um produto, especialmente quando não estão habituados a comprá-lo; na verdade, a prática tem mostrado que as decisões de compra no mercado real podem ser bem diferentes daquelas declaradas nas pesquisas; os consumidores têm um incentivo para mentir, de forma a induzir as empresas a fixarem os preços mais para baixo. Em vez de efetuar pesquisas com consumidores, pode-se recorrer à experiência e ao julgamento dos próprios executivos da empresa ou de consultores do mercado para montar uma curva aproximada de demanda.

Outra forma, aplicável a produtos que a empresa já oferece ao mercado, é variar o preço desses produtos e verificar o nível de vendas. Naturalmente, outras variáveis, como propaganda, promoção de vendas e embalagem, por exemplo, deveriam ser mantidas inalteradas para não mascarar a influência do preço. A dificuldade é encontrar mercados de teste adequados, para não ter que fazer a experiência em todo o mercado e prejudicar, eventualmente, os lucros de curto prazo ou o posicionamento do produto na mente dos consumidores e dos varejistas.

MÉTODOS DE DEFINIÇÃO DE PREÇOS

Havendo dados disponíveis, a empresa pode se valer do histórico do produto e dos diferentes preços praticados no passado. Nesse caso, sempre deve-se tomar o cuidado de corrigir a interpretação de acordo com outras variáveis do composto do produto e com o nível de rivalidade entre os concorrentes e sua reação à época. Além disso, deve-se ter em conta que nem sempre as condições do futuro refletirão as condições do passado.

Na prática, contudo, os gerentes costumam querer avaliar uma faixa de possíveis variações de preço. Uma forma de fazer isso é desenhar uma curva de lucro constante, sumariando os resultados de várias análises de equilíbrio (calculando as vendas necessárias para cada nível de preço, de forma a manter o lucro no patamar atual), cada qual com um preço diferente (figuras 12 e 13). Somente seriam lucrativas as decisões de preço que resultassem em volumes de vendas situados à direita da curva.

Figura 12
Curva de lucro constante com demanda mais elástica

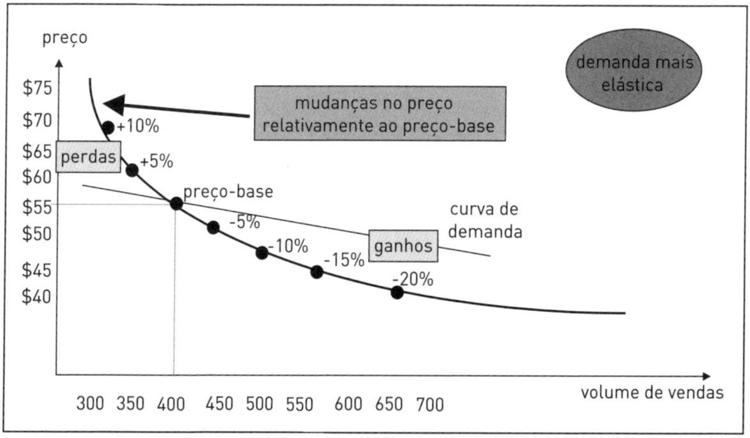

Fonte: Adaptado de Smith e Nagle (1994).

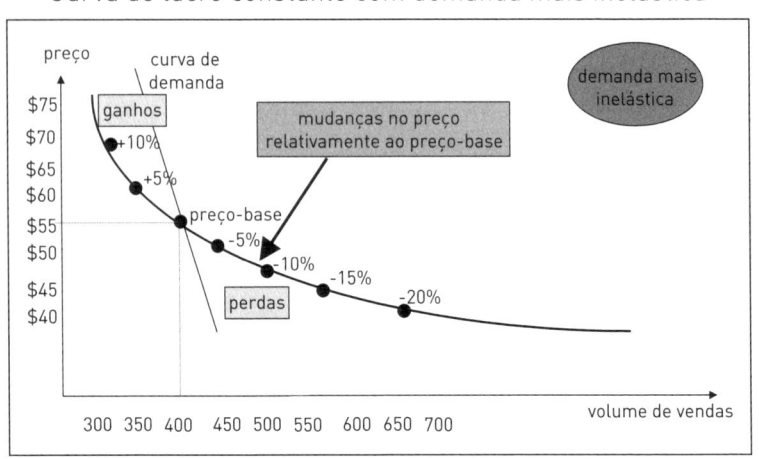

Figura 13
Curva de lucro constante com demanda mais inelástica

```
preço       curva de
            demanda                                    demanda mais
$75      ganhos        mudanças no preço               inelástica
$70       +10%         relativamente ao preço-base
$65        +5%
$60
$55           preço-base
$50            -5%
              -10%
$45                 -15%
$40      perdas       -20%

         300 350 400 450 500 550 600 650 700        volume de vendas
```

Fonte: Adaptado de Smith e Nagle (1994).

Além disso, pode-se sofisticar o gráfico por meio da incorporação de curvas de demanda (ainda que estimadas). Assim, torna-se desnecessário tentar prever a demanda com precisão, bastando apenas avaliar se a elasticidade da demanda é maior ou menor do que o nível "exigido" pela curva de lucro constante para que as decisões de variação de preços sejam lucrativas.

É importante notar que diferentes segmentos de consumidores podem exibir diferentes sensibilidades ao preço para um mesmo produto (como vimos nos capítulos 1 e 2). Assim, em vez de ficar presa a um preço único e vender apenas àqueles compradores que consideram esse preço inferior ao máximo que estariam dispostos a pagar, a empresa estudaria a viabilidade de produzir modelos ou versões do produto, até sob marcas diversas, com características de certo modo distintas, de forma a poder estabelecer preços distintos com base nos atributos valorizados pelos diferentes segmentos de consumidores e na sua respectiva sensibilidade ao preço.

Métodos baseados na concorrência

Uma política robusta de fixação de preços não pode ignorar os preços cobrados pela concorrência. Afinal, a decisão do consumidor costuma levar em conta a relação custo/benefício dos produtos concorrentes ou substitutos. Ou seja, uma vez que o conjunto de atributos de um produto esteja acima do limiar mínimo exigido, o consumidor passa então a comparar esses atributos mais seu preço com o conjunto atributos-preço dos produtos concorrentes ou substitutos.

Num mercado de produtos padronizados (*commodities*), ou quando a decisão de compra se baseia quase que exclusivamente no preço, então a melhor prática é efetivamente cobrar preços na média da concorrência.

Por outro lado, se a empresa oferece um produto diferenciado, ao menos para um segmento relevante do mercado, talvez não faça sentido cobrar apenas o preço estipulado pelo concorrente que oferece um conjunto menos sofisticado de atributos, tal como percebido pelo consumidor. Vale citar aqui a prática da vodca Smirnoff, que costuma subir seus preços quando um concorrente novo entra no mercado. Com isso ela procura criar na mente do consumidor a associação preço-qualidade, levando-o a concluir que a vodca Smirnoff é melhor e, por isso mesmo, mais cara.

Nas indústrias em que existe um líder óbvio – por exemplo, a Coca-Cola, em refrigerantes, ou a Unilever, com o sabão em pó Omo no Brasil –, frequentemente as empresas estabelecem seus preços como um desconto em relação aos preços praticados pelo líder, ou então como um sobrepreço, no caso dos enfocadores em nichos de mercado que oferecem produtos especializados.

Algumas empresas buscam um posicionamento na mente do consumidor, o qual pode ser fortemente influenciado pela referência de preços praticados. Por exemplo, algumas empresas são tidas como populares, e outras, como sofisticadas. Algumas ganham fama de "a mais cara", e outras, de "a mais barata", havendo ainda aquelas reconhecidas como "a de preço justo". As empresas também procuram desenvolver imagens relacionadas a ocasiões e situações de consumo: situações rotineiras (consumo do dia a dia) *versus* situações especiais.

A prática de preços mais baixos em função da concorrência é comum em situações de licitação, especialmente na venda para governos, ou de leilão reverso, cada vez mais adotado nas compras de produtos padronizados realizadas por grandes empresas e no qual o comprador especifica o tipo de produto e afirma que comprará do vendedor que lhe oferecer o menor preço. Por vezes, as empresas também praticam preços mais baixos do que aqueles que o consumidor estaria disposto a pagar, apenas como meio de desestimular a entrada de novos concorrentes. Naturalmente, isso só se justifica se os lucros esperados após a entrada de um novo concorrente forem menores que os lucros que a empresa consegue obter ao preço "baixo" atual.

Combinação de métodos

A rigor, uma vez que a variável preço é um dos critérios de decisão de compra utilizados pelos consumidores e estes costumam comparar preços entre produtos concorrentes ou substitutos, o estabelecimento do preço deve sempre levar em conta dois aspectos: o preço que os concorrentes cobram por seus produtos ou serviços substitutos; e quanto o consumidor está disposto a pagar.

Os custos da empresa (produção, armazenagem, entrega, serviços pré e pós-venda, entre outros) servirão para definir o ponto de equilíbrio, que é o patamar mínimo de volume-preço a partir do qual a empresa tem lucro (ponto de equilíbrio contábil) ou recupera seu custo de capital (ponto de equilíbrio financeiro). Porém, é importante lembrar que, mesmo que a empresa esteja tendo lucro, isso não quer dizer que ela se encontra numa situação favorável. Se algum concorrente estiver auferindo lucros ou taxas de retorno maiores é porque ele apresenta alguma vantagem competitiva, seja custo mais baixo, seja produto diferenciado, que lhe permite cobrar um preço mais alto e assim obter essa maior margem.

Segundo Rocha e colaboradores (2012), os japoneses costumam combinar vários métodos antes de estabelecer qual produto será oferecido a qual preço para qual segmento. Inicialmente, depois de definido o mercado-alvo, eles definem o preço-alvo com que o produto será lançado. O objetivo é superar os concorrentes oferecendo um produto melhor a um preço próximo ou um produto tão bom quanto o deles a um preço mais baixo. Eles sabem que, para isso fazer sentido econômico no longo prazo, a equação de custos é fundamental. Se necessário, a empresa adotará programas de redução de custos e de revisão dos atributos do produto ou de processos de produção, a fim de oferecer ao consumidor uma melhor relação custo/benefício que também garanta à empresa uma melhor margem.

Entre as técnicas a serem usadas, podem ser citados o custo-meta e a engenharia de valor (ou análise de valor), esta última para definir não só o conjunto de atributos e seu valor para o consumidor, mas também a estrutura de produção de menor custo possível para entregar o referido valor. Cogan (2002) fornece mais detalhes sobre essas técnicas.

Neste capítulo foram discutidos os métodos de definição do preço. Uma vez definido o método a ser utilizado, ou a combinação dos mesmos, os gestores devem, finalmente, estabelecer as políticas de preço, abordadas no próximo capítulo.

8
Políticas e administração de preços

Uma vez analisado o ambiente de negócios, ou seja, o comportamento do consumidor e da concorrência, definida a estratégia empresarial e avaliadas as implicações dos custos, dos tributos e do custo do dinheiro na formação do preço de venda e escolhido o método de definição do preço, a empresa deve formular a política de preços mais adequada ao posicionamento da sua imagem e do seu produto ou serviço na mente dos consumidores e concorrentes.

Políticas gerais de preço

Ao posicionar um produto ou serviço que tem concorrentes ou substitutos próximos no mercado, a empresa pode escolher entre três políticas de posicionamento que associam o preço à qualidade do produto, como veremos a seguir.

Preço *premium*

A prática de um preço *premium*, ou seja, maior que o preço praticado pelos concorrentes, é adequada quando a empresa pretende lançar um produto cuja qualidade é percebida pelo consumidor como superior à dos produtos concorrentes já estabelecidos no mercado, podendo por isso mesmo cobrar um preço maior. Como exemplo podemos citar a caneta Montblanc e os ternos Hugo Boss. O risco desse posicionamento é justamente o consumidor não perceber essa qualidade como superior e considerar o produto caro, ou reconhecer que o produto, mesmo sendo melhor que o dos concorrentes, não vale a diferença de preço, como ocorreu com o lançamento do modelo Classe A da Mercedes no Brasil. Na área de serviços, podemos citar os provedores de acesso rápido à internet, como Velox e Virtua.

Preço baseado na concorrência

A empresa lança um produto ou serviço cuja qualidade é percebida pelo consumidor como muito semelhante à do produto concorrente, mas fixa o preço um pouco abaixo, tentando atrair a decisão de compra para a variável preço. Como exemplo podemos citar a entrada no mercado da Gol Linhas Aéreas. Esse posicionamento traz o risco de uma competição por preços, pois as empresas já estabelecidas talvez não queiram perder fatia de mercado.

A empresa pode também lançar um produto com qualidade percebida e preço semelhantes aos dos concorrentes e tentar transferir a competição pela fatia de mercado para outros elementos do composto de marketing, tais como características do produto, promoção e distribuição, de modo a não desencadear uma guerra de preços. Exemplos disso são os postos de gasolina que fornecem lavagem grátis do carro.

Uma alternativa é a empresa lançar um produto com qualidade percebida como superior e praticar um preço próximo ao do concorrente. Nesse caso, a empresa deve possuir uma vantagem em custos que lhe permita oferecer um produto superior pelo mesmo preço praticado pelos concorrentes. Esse pode ser o caso de alguns produtos da Nestlé, uma empresa já estabelecida que pode compartilhar custos entre seus produtos – por exemplo, marca ou força de vendas –, obtendo assim um custo por produto mais baixo que o dos concorrentes que competem com apenas um tipo de produto. Por outro lado, se a empresa não tiver uma estrutura de custos mais enxuta, deverá ser capaz de conquistar uma fatia de mercado suficientemente mais ampla que a dos concorrentes para poder compensar a perda na margem de contribuição unitária. Note-se que tal política somente faz sentido quando a demanda é bastante elástica à qualidade e ao preço.

Preço de economia

A empresa pode lançar um produto ou serviço destinado a um público-alvo para o qual o atributo mais importante na decisão de compra seja o preço, e não a qualidade, como é o caso da parcela da sociedade de baixo poder aquisitivo. Exemplo disso são os refrigerantes de marca desconhecida, chamados genericamente de tubaínas, que conquistaram elevada participação no mercado. Podemos também citar o supermercado Mundial, no Rio de Janeiro, reconhecido por praticar preços baixos e aceitar pagamento apenas em dinheiro.

Outra técnica, muito comum nos supermercados, é o lançamento de marcas de combate, geralmente dos próprios varejistas, para competir com os produtos *premium*.

O quadro 5 resume as três políticas em função do preço e da qualidade percebida pelo consumidor.

Quadro 5
Relação entre preço e qualidade percebida pelo consumidor

		Qualidade percebida	Preço	Objetivo
Políticas gerais de preço	Premium	Superior	Superior	Enfatizar a imagem de um produto de qualidade superior
	Baseado na concorrência	Comparável	Inferior	Enfatizar uma imagem de menor preço, sujeita a uma guerra de preços com a concorrência
		Comparável	Comparável	Transferir a competição para os demais atributos do produto, evitando uma guerra de preços
		Superior	Comparável	Enfatizar a imagem de qualidade superior evitando uma guerra de preços
	Economia	Inferior	Inferior	Focar as vendas nos segmentos de baixa renda que têm a variável preço como fator de decisão na compra

Políticas de preços para novos produtos

Ao estabelecer o preço de um novo produto ou serviço, a empresa deverá levar em consideração o posicionamento desejado, podendo escolher entre três políticas de preços: desnatação de mercado, penetração de mercado e recuperação rápida do investimento.

Desnatação de mercado (skimming)

A empresa determina um preço inicial alto, atraindo os consumidores pioneiros, ávidos por novidades e menos sensíveis a preço, dispostos a pagar mais caro pelo produto. Aos poucos, a empresa vai reduzindo seus preços para atrair novos compradores, extraindo a máxima margem de lucro de cada segmento de mercado, "desnatando" o mercado.

Entre os objetivos dessa estratégia podemos destacar:

- segmentar o mercado atraindo os consumidores pioneiros, que são menos sensíveis ao preço e estão dispostos a pagar mais caro para serem os primeiros a ter o produto;
- desestimular a demanda do produto na fase de lançamento, quando a empresa ainda não tem escala de produção e distribuição, ou quando ainda é incerta a demanda futura e a empresa não quer se comprometer com elevados investimentos em capacidade de produção;
- obter margem elevada quando do lançamento do produto, criando uma imagem de prestígio e *status*.

Essa política de preços é frequentemente utilizada no caso de bens duráveis com nova tecnologia, como computadores e celulares, podendo a empresa optar por uma estratégia de desnatação sequencial: lança o produto com preço mais alto e, à medida que esgota o segmento dos consumidores pioneiros, vai gradualmente reduzindo os preços para atrair novas faixas de consumidores.

Uma desvantagem da desnatação é que ela costuma atrair novos concorrentes por causa das elevadas margens unitárias praticadas no lançamento do produto, o que pode trazer excesso de capacidade produtiva ao mercado e fazer com que o preço caia mais do que seria razoável, caso a empresa não tivesse elevado tanto seu preço inicial. Isso ocorre principalmente quando não há barreiras (patente, escala de produção ou elevados investimentos em pesquisa e desenvolvimento, por exemplo) à entrada de novos concorrentes. Nesses casos, segundo Sardinha (1995), essa estratégia é apenas uma forma de recuperar mais rápido o investimento e fazer caixa, até que os novos produtores se estabeleçam e os preços caiam.

Penetração de mercado

A empresa lança o produto ou serviço por um preço inicial baixo para estimular consumidores potenciais e criar uma demanda efetiva pelo produto. Entre os objetivos podemos destacar:

- estimular a experimentação do novo produto ou marca;
- desestimular a entrada de novos concorrentes no mercado;
- conquistar rapidamente expressivas parcelas do mercado consumidor, principalmente quando a sensibilidade do consumidor ao preço é elevada (demanda elástica);
- obter redução dos custos unitários mediante ganho de escala e aprendizado;
- promover outros produtos da empresa.

Como exemplo, podemos citar os provedores de acesso grátis à internet, que conseguiram atrair um número expressivo de clientes.

Ao implementar a desnatação ou a penetração de mercado, as empresas têm objetivos diferentes. Na desnatação busca-se uma elevada margem unitária no curto prazo com menor volume de vendas, ao passo que na penetração de mercado o objetivo é conquistar, mediante preços baixos, elevados volumes de vendas no longo prazo com menor margem unitária.

Por causa do maior volume de vendas, a penetração de mercado exige mais recursos de produção e distribuição do que a desnatação. Além disso, como a empresa pode criar uma imagem de "preço baixo", há o risco de o consumidor vir a associar tal imagem à baixa qualidade ou a rejeitar aumentos posteriores no preço do produto.

Já a desnatação não traz esse risco, pois sempre é mais fácil reduzir do que aumentar preços. Entretanto, quando surgirem novos concorrentes, a empresa deverá optar entre continuar com o preço elevado, caso tenha conquistado uma imagem de prestígio junto a um segmento do mercado, ou nivelar seu preço com os da concorrência, quando o valor percebido pelo consumidor não for diferente daquele dos demais produtos no mercado.

Recuperação rápida do investimento

Determinadas circunstâncias podem ser propícias à prática de um preço relativamente alto, mesmo que a empresa saiba que provavelmente não será possível mantê-lo no futuro. Isso é válido especialmente quando, ao se lançar um novo produto, há incerteza quanto ao desenvolvimento futuro da demanda. A empresa pode então optar por cobrar um preço mais alto e direcionar seus esforços para os consumidores mais ávidos por novidades e, portanto, menos sensíveis ao preço.

Essa política de preços é utilizada com frequência no lançamento de produtos com ciclo de vida curto e com características de "agora ou nunca" (*one shot sale*), como filmes e livros.

Da mesma forma, em mercados de modismos, as empresas tendem a trabalhar com um horizonte muito curto de tempo e todo o esforço é direcionado para vender o máximo e o mais rápido possível, enquanto a "febre" não passa. Podemos citar como exemplos o *kart* e o patinete.

Pode-se também adotar essa política quando não há barreiras à entrada de novos concorrentes e quando há baixa fidelidade dos consumidores ou baixo custo de mudança. Nesses casos, a empresa estabelece um preço elevado para tentar extrair o máximo dos consumidores pioneiros e recuperar mais rápido o investimento, antes que surjam produtos concorrentes e o preço caia.

Preço de serviços

A maior parcela dos custos associados aos serviços advém dos custos fixos, ou seja, do custo de tornar o serviço disponível ao consumidor. Em muitas áreas, como na telefonia celular, são necessários elevados e contínuos investimentos em tecnologia, o que por sua vez requer uma elevada escala de produção para poder oferecer um preço acessível aos consumidores. Em outros casos, como no setor turístico, a precificação deve também procurar criar uma demanda efetiva em momentos de baixa utilização da capacidade.

As mesmas estratégias competitivas e políticas gerais de preço utilizadas na precificação de mercadorias podem ser utilizadas na precificação de serviços, desde que consideradas algumas características específicas que distinguem a venda de serviços da venda de mercadorias, conforme detalhado em Zeithaml (2003) e exemplificado a seguir.

Intangibilidade

A visualização e a posse da mercadoria tornam mais fácil o julgamento de seu valor e preço "justo" pelo consumidor, tarefa mais difícil no caso dos serviços. Por outro lado, a avaliação do serviço é transferida para outros elementos, como, por exemplo, a qualidade e a simpatia no atendimento e a confiança no prestador do serviço, o que abre espaço para uma política de preço mais alto, desde que a relação qualidade/preço seja considerada justa pelo consumidor. No caso de serviços médicos, por exemplo, um preço alto pode passar a ideia de um profissional mais capacitado.

Não incorporação ao patrimônio

A posse física da mercadoria tem um efeito psicológico sobre os consumidores, diferentemente dos serviços, que são apenas "consumidos", o que dá a impressão de um "sacrifício" maior do que na compra de um produto.

Não padronização

Os serviços normalmente são produzidos, entregues e "consumidos" simultaneamente e com a participação do cliente, o que dificulta uma inspeção prévia de qualidade e a rejeição dos itens defeituosos. Assim, para transmitir maior confiança ao consumidor, a precificação dos serviços deve considerar a possibilidade de reembolso no caso de má execução ou execução em desacordo com o previamente combinado.

Variabilidade nos custos

O tempo dedicado a cada cliente e o nível de qualidade exigido – ou seja, o custo variável do atendimento – podem variar consideravelmente de um cliente para outro, o que deveria se refletir no preço cobrado. A prática de um preço médio com base nos custos médios esperados pode ser uma forma de incorporar essa variabilidade.

Entretanto, ao praticar um preço médio, a empresa pode perder clientes, pois concorrentes que focam em determinados segmentos de mercado, como clientes de baixa renda, podem praticar preços mais baixos.

Influência do tempo

Muitos clientes estão dispostos a pagar mais caro pelo pronto atendimento, como ocorre nos serviços de emergência, por exemplo. Em outros casos, o tempo é utilizado pelo consumidor como critério para avaliar o preço "justo" do serviço. Um serviço de curta duração pode passar tanto a ideia de um profissional capacitado, e então o preço alto funcionaria como um prêmio pela competência do prestador, quanto a ideia de que o serviço é simples e o preço abusivo, tudo dependendo da expectativa e das experiências anteriores do consumidor.

Elevada proporção de custos fixos

Em muitos serviços, a maior parcela dos custos não está associada à prestação do serviço em si, mas à disponibilidade de instalações e pessoal para pronto atendimento. Como a disponibilidade do serviço significa custos fixos, há que tomar cuidado na análise por margem de contribuição, pois o incentivo à concessão de descontos para atrair clientes, uma vez que cada cliente contribui com uma margem significativa, pode se mostrar uma decisão equivocada, diante da falsa impressão de que apenas os custos variáveis precisam ser considerados na precificação do serviço.

Em alguns tipos de serviço, o preço costuma ser definido caso a caso, entre prestador e consumidor – por exemplo, os serviços prestados por profissionais liberais, os serviços domésticos e os de mecânica de automóveis.

Preço do composto de produtos

A maioria das empresas oferece não apenas um, mas uma variedade de produtos ou serviços. Nesse caso, elas podem até adotar estratégias e políticas de preços diferenciadas para cada produto, mas sempre buscando atingir o objetivo estratégico da empresa com o *mix* de produtos.

Preços para uma linha de produtos

As empresas estabelecem diferentes preços para os produtos de uma mesma linha, de modo a associar a qualidade percebida a cada nível de preço, o que facilita a decisão de compra do consumidor. Tendo definido o nível de preços e, portanto, a qualidade esperada, o consumidor pode então concentrar-se na escolha dos demais atributos do produto. Por exemplo, uma loja de roupas pode precificar seus ternos masculinos em quatro níveis (digamos, $150, $200, $350 e $500), facilitando assim o processo de compra para o consumidor: após escolher a faixa de preços e o nível de qualidade desejados, resta-lhe apenas decidir-se quanto aos demais atributos, como estilo, cor e material.

Preço de produto cativo

Muitas empresas precificam o produto principal (por exemplo, impressoras, aparelhos de barbear ou álbuns de figurinhas) com uma pequena margem de lucro e numa faixa acessível aos consumidores, de modo a cativá-los e garantir lucro e margens maiores na posterior venda de suprimentos, cumprindo assim o objetivo de maximizar o volume de vendas, como visto no capítulo 7.

O mesmo ocorre com produtos ou serviços que exigem manutenção periódica, como os elevadores, ou de uso regular, como os celulares, que são vendidos a um preço baixo, pois as empresas ganham no uso do serviço.

Preço para "pacote"

As empresas podem criar pacotes de produtos, agregando ao produto básico diversos opcionais. A ideia é influenciar a decisão de compra dos consumidores, cobrando pelo pacote um preço menor do que a soma dos preços individuais, como no caso de TV a cabo, celular pós-pago, inclusão de contratos de manutenção e cestas de serviços bancários. O mesmo pode ocorrer na compra de automóveis, quando as concessionárias vendem o modelo básico e os opcionais separadamente, mas incentivam a aquisição do pacote pelo consumidor.

Porém, isso não deve caracterizar a prática de venda casada, que é condenada pela defesa do consumidor. A venda é considerada casada quando o fornecedor condiciona a venda do produto ou serviço à aquisição simultânea, pelo comprador, de outro produto ou serviço. Por exemplo, o fabricante de uma marca de cerveja que "obrigasse" um bar a adquirir também um refrigerante seu junto com o lote de cerveja estaria praticando venda casada. O mesmo se pode dizer de um banco que só concede empréstimo a um cliente se este adquirir também um seguro de vida. O "pacote", por outro lado, envolve a venda de produtos ou serviços complementares, o que pode ser útil para o comprador, que tem liberdade para adquirir o "pacote" inteiro ou apenas parte dos produtos ou serviços aí incluídos. Como exemplo, podemos citar a venda de prazo de garantia ampliado na aquisição de um eletrodoméstico.

Preço de subprodutos

Em alguns segmentos da indústria, como nos setores de alimentos e petróleo, os subprodutos – forçosamente produzidos em função do produto principal – devem ser precificados de acordo com o valor de mercado e contribuir para a geração de lucro. As empresas podem se valer desses subprodutos para fazer frente aos concorrentes, baixando o preço de seu produto principal, como ocorre no caso de carnes, derivados de petróleo e alguns produtos químicos.

Adequação de preços

As empresas devem fixar e periodicamente adequar os preços dos bens ou serviços às situações específicas de venda, conforme seus objetivos de posicionamento, as variações nas quantidades vendidas, o público-alvo, a área geográfica, o canal de distribuição, a política de crédito e cobrança, a reação dos consumidores e da concorrência, bem como circunstâncias gerais do macroambiente, como vimos nos capítulos 2 e 4. A seguir serão abordadas diversas práticas usuais das empresas como resposta a essas situações.

Preço psicológico

Muitos consumidores tomam sua decisão de compra influenciados pela forma com que o produto foi precificado. Com base na observação do comportamento de compra dos consumidores, difundiu-se no setor varejista a noção de que os valores quebrados dão a impressão de que o preço foi calculado e chamam mais a atenção do que os valores inteiros. Da mesma forma, valores como $19,99 são mais atrativos e passam a ideia de que o valor está na faixa dos $19 e não dos $20.

Outros consumidores associam preços altos à ideia de um produto com qualidade superior ou prestígio social, como no caso de roupas de alta-costura, perfumes e pedras preciosas.

Algumas empresas usam ainda o artifício de estabelecer um preço alto para a mercadoria e divulgar o preço de venda com "descontos substanciais", tentando assim influenciar a decisão de compra do consumidor, mas devem ficar atentas para que tal prática não seja interpretada como enganosa pela defesa do consumidor.

Preço de referência

Ao se decidirem pela compra de um produto ou serviço, os consumidores formam uma ideia do preço do produto tomando por base a experiência de compras anteriores, os preços de produtos substitutos, o local e o momento da compra, por exemplo.

As empresas tentam, por meio da propaganda, influenciar o preço de referência dos consumidores, pois as pesquisas de mercado mostram que eles estão dispostos a pagar um preço maior por marcas conhecidas do que por marcas desconhecidas. Outra tática usada é situar um produto junto a outros de qualidade superior, para passar a ideia de que pertencem à mesma categoria.

O preço de referência pode ser ainda o preço mínimo garantido pelo governo para produtos agrícolas, de acordo com sua política de preços mínimos, ou ainda o preço médio de determinado produto ou serviço monitorado pelo governo. No caso de combustíveis, por exemplo, a Agência Nacional do Petróleo, Gás Natural e Biocombustíveis (ANP) monitora o preço cobrado nos postos, e a Receita Federal atribui um preço de referência para fins de cálculo do ICMS.

Preço isca

As empresas costumam utilizar diversas técnicas para atrair os consumidores às lojas e influenciar sua decisão de compra. As que trabalham com uma grande variedade de produtos, como os supermercados, costumam oferecer alguns deles com preços baixos, muitas vezes abaixo do custo de aquisição. Esses produtos funcionam como geradores de tráfego (isca), atraindo os consumidores às lojas, e é muito comum utilizar, para esse fim, os hortigranjeiros. A ideia é maximizar a margem de contribuição total e lucrar na venda das demais mercadorias que serão adquiridas na mesma ocasião.

Outra tática muito usada é fixar preços baixos para marcas conhecidas e produtos de massa, de modo a estabelecer uma imagem de preços baixos junto ao consumidor. Com esse objetivo, muitos varejistas veiculam diariamente anúncios em horário nobre na televisão.

Preço a prazo

É prática muito comum a concessão de prazos de pagamento dilatados como forma de aumentar o consumo, principalmente das classes menos favorecidas da população. Os consumidores são incentivados ao consumo pelo baixo valor das parcelas mensais, sem se preocupar com as elevadas taxas de juros cobradas pelas lojas ou financeiras. Essa prática comercial traz um risco grande quando o financiamento é concedido pela própria loja, pois o alto índice de inadimplência pode comprometer o capital de giro e a solvência da empresa.

Recentemente, para fomentar o consumo, as concessionárias de automóveis passaram a conceder financiamentos com juros abaixo dos praticados no mercado. As lojas devem ficar atentas, pois os consumidores que compram a prazo têm boa memória e, portanto, maior sensibilidade às mudanças no preço.

Preço com desconto

As empresas fixam o preço básico para seus bens e serviços, concedendo descontos em função de uma série de fatores, conforme exemplificado por Rocha e colaboradores (2012):

- descontos à vista – graças às altas taxas de juros praticadas no Brasil, os preços a prazo devem refletir o custo do dinheiro no tempo, os custos de cobrança e o risco de inadimplência, o que favorece a concessão de descontos para pagamentos à vista;
- descontos por volume – devem refletir os ganhos de escala e a redução nos custos de venda, processamento, embalagem e entrega dos produtos;
- descontos sazonais – servem para estimular o consumo em épocas (dias ou horas) de demanda reduzida, como ocorre com as diárias de hotéis, os pedágios de rodovias, as tarifas telefônicas e de energia elétrica ou as liquidações de roupas de fim de estação;
- descontos comerciais – são concedidos pelo vendedor como forma de atrair um novo canal de distribuição ou compensá-lo por assumir determinadas funções, como, por exemplo, a estocagem e a promoção do produto junto ao mercado;
- descontos por segmento – muitas empresas concedem descontos a um determinado público-alvo, como no caso dos bancos que incentivam a abertura de contas para estudantes como forma de cativá-los como clientes, ou das universidades que dão descontos para quem queira cursar uma segunda faculdade;
- aceitação de usado como parte do pagamento – algumas empresas aceitam o produto usado como parte do pagamento do novo, beneficiando assim tanto o comprador, que não precisa se preocupar com a venda do bem usado, quanto o

vendedor, pois essa medida funciona como um incentivo à fidelização da marca, como ocorre na venda de veículos novos. Essa prática incentiva o consumidor a trocar o produto por um novo, mesmo quando o usado ainda apresenta boas condições de uso.

Diversas outras formas de desconto anunciadas pelo mercado, como "leve três, pague dois" ou desconto na compra de um segundo item, são na verdade táticas de promoção de venda para a experimentação ou adoção de determinada marca ou produto.

Algumas empresas trabalham também com tabelas de preços sugeridos e concedem descontos de acordo com a forma de pagamento e o volume de venda.

Ao decidir pela prática do desconto, a empresa deve avaliar a possível reação dos consumidores e dos concorrentes, bem como verificar se a adoção do desconto vai influenciar o volume de vendas, os custos e a rentabilidade.

O quadro 6 resume as principais perguntas que as empresas devem fazer antes de adotar descontos.

Quadro 6
Perguntas a serem feitas antes de adotar descontos

Demanda	Concorrentes	Custos
Os compradores são sensíveis ao preço?	O desconto permite afastar os concorrentes dos canais de distribuição?	O desconto permite reduzir o custo unitário de produção (por meio de economias de escala ou de escopo)?
Os compradores estão dispostos a comprar mais se o preço (por unidade) diminuir à medida que a quantidade comprada aumenta?	O desconto cria barreiras à entrada de novos concorrentes?	O desconto permite um maior poder de barganha com os fornecedores (por meio do maior volume de compras)?

Preços geográficos

As empresas têm custos adicionais de logística e frete quando da entrega das mercadorias em outro local, cidade, estado ou país, o que deve se refletir no preço de venda.

A empresa pode estabelecer um preço para a entrega na porta da fábrica e incluir o custo do frete para a entrega na porta do cliente, ou ainda absorver total ou parcialmente o frete como forma de incentivar negócios futuros com um determinado cliente, ter ganhos de escala com o aumento das vendas ou tornar seu preço mais competitivo.

Nas operações com o exterior, o preço de venda normalmente já inclui o frete até o porto e o embarque das mercadorias no navio – o chamado preço FOB (*free on board*) –, ficando o frete e o seguro internacionais a cargo do comprador. Pode-se também vender a mercadoria incluindo o frete e o seguro internacionais, porém destacados separadamente na nota fiscal – o chamado preço C&F (*cost and freight*).

Algumas empresas praticam um preço uniforme, embutindo nele um frete médio estimado. Embora relativamente fácil de ser administrado, o preço uniforme pode fazer com que o preço do produto fique menos atrativo para os clientes geograficamente mais próximos. Alternativamente, a empresa pode absorver o custo do frete na expectativa de auferir maior volume de vendas e um menor preço unitário médio.

Preços diferenciados

São largamente utilizados no setor de serviços como forma de segmentar o público-alvo de acordo com a localização, como lugares em teatros e shows, ou com o momento da compra, como ocorre na compra de jogos de futebol na TV a cabo, que cobra preços diferentes se a programação for adquirida antecipadamente ou no dia do jogo.

Kotler e Keller (2012) alertam que os preços diferenciados e os descontos por segmento somente devem ser praticados se: o mercado for segmentável e os diferentes segmentos apresentarem diferentes sensibilidades ao preço; os membros do segmento que pagam o preço mais baixo não puderem transferir o benefício para outro segmento; os concorrentes não estiverem vendendo o mesmo produto mais barato ao segmento ao qual seria cobrado o preço mais alto; o custo de segmentação e monitoramento do mercado não exceder a receita incremental menos os custos incrementais, resultante da diferenciação por preço; essa prática não provocar reação dos consumidores que pagam preços mais elevados; e a diferenciação por preço não for considerada discriminatória ou ilegal.

Preço de transferência

As empresas verticalmente integradas se defrontam com a situação de ter que definir preços de transferência internos para operações entre departamentos nas sucessivas fases da cadeia de produção, de modo a avaliar a contribuição de cada área para o lucro total da organização.

Diversos métodos podem ser utilizados na fixação do preço de transferência, como custo pleno, preço de mercado e custo marginal.

No método do custo pleno, o preço de transferência é fixado em função dos custos variáveis e do rateio dos custos fixos. Esse método, apesar de utilizado com frequência, não é bem aceito por causa da utilização de critérios de rateio arbitrários na alocação dos custos fixos a cada produto, podendo gerar ineficiência operacional ao permitir, por exemplo, a transmissão de custos evitáveis ao longo da cadeia produtiva, ou mesmo estimular a superprodução como forma de diluir os custos fixos em cada produto. Ultimamente vem-se utilizando o sistema de custos ABC para identificar o custo associado a cada atividade e fixar um preço de transferência mais justo, como visto no capítulo 5.

O método do preço de mercado é considerado o mais correto na fixação do preço de transferência, pois incorpora a ideia de custo de oportunidade: se o custo de produção for superior ao preço de mercado, o departamento comprador, elo seguinte na cadeia de produção, poderá optar por adquirir a mercadoria no mercado, o que exigirá ajustes na eficiência do departamento anterior. Por outro lado, se o custo de produção for inferior ao preço no mercado, o departamento poderá optar por vender sua mercadoria no mercado. Muitas vezes são feitas deduções no preço de mercado, visando excluir do preço os valores correspondentes às despesas de venda (propaganda, promoção de vendas e comissões de venda, por exemplo), que não ocorrem nas transferências internas.

Em certos casos, os produtos ou serviços transferidos para a etapa seguinte na cadeia de produção não possuem similares no mercado, sendo mais adequado utilizar o custo marginal como preço de transferência. Mas não se deve utilizar o custo marginal de curto prazo, que incorpora apenas os custos variáveis, e sim o custo marginal de longo prazo, a fim de captar também o efeito dos custos fixos sobre o preço da mercadoria ou serviço transferido internamente.

No caso específico da fixação de preços de transferência entre matrizes e suas filiais no exterior, a Receita Federal estabelece critérios para tanto ou celebra acordos de bitributação com outros países visando compensar as diferenças internacionais nas alíquotas do imposto sobre a renda e coibir a remessa disfarçada de lucros entre países e a consequente evasão fiscal.

Variações de preços

As empresas frequentemente se defrontam com situações que as obrigam a reduzir ou aumentar seus preços.

Reduções de preços

Muitas situações podem levar as empresas a uma redução de preços, como exemplificado a seguir:

- excesso de capacidade de produção – a empresa pode utilizar a redução de preços para alavancar suas vendas e assim diluir seus custos fixos de produção e aumentar o lucro; a redução na margem de contribuição unitária seria compensada pelo aumento das vendas;
- maior participação no mercado – em mercados sensíveis ao preço (demanda elástica), a empresa pode reduzir seus preços para recuperar ou ganhar fatia do mercado consumidor, situação muito comum na fase de maturidade do ciclo de vida do produto;
- reação à concorrência – para não perder sua fatia de mercado, a empresa pode reagir à queda de preços dos concorrentes.

Em todos os casos, uma redução de preços pode desencadear uma guerra de preços pela participação no mercado, em prejuízo da rentabilidade de todos os competidores.

A redução de preço pode levar a empresa a ganhar participação no mercado, mas não leva à fidelização do consumidor. Além disso, os consumidores podem atribuir a redução no preço à queda na qualidade, o que trará prejuízos para a imagem da empresa.

Muitas empresas varejistas têm optado por lançar marcas próprias de combate à concorrência em vez de implementar reduções de preços em marcas já estabelecidas, o que poderia confundir e levar a uma reação dos consumidores quando o preço voltasse para o patamar anterior.

Ao reduzir seus preços, a empresa deve avaliar se a participação maior no mercado vai aumentar seu lucro total, seja pelo aumento do giro ou pela redução de custos por ganho de escala e aprendizado, e se a demanda extra não vai exceder sua capacidade de produção. No caso de serviços, além do atendimento à demanda adicional, a empresa deve manter a qualidade para não frustrar as expectativas dos consumidores.

Aumentos de preços

Diversos fatores podem levar as empresas a aumentar seus preços, como, por exemplo:

- inflação de custos – sempre que o aumento nos custos não é acompanhado por ganhos de produtividade, as empresas são levadas a repassar esse aumento para os preços se quiserem manter suas margens unitárias de lucro;
- realinhamento de preços – ocorre após um período de prática de preços baixos, seja por uma estratégia de penetração no mercado, seja por um acompanhamento da alta de preços dos concorrentes visando a uma recomposição de margem ou mesmo um retorno aos preços praticados antes de uma guerra de preços;
- demanda aquecida – o aumento de preços pode ocorrer em razão do aumento da demanda, seja sazonal ou mesmo es-

trutural, como tem acontecido com os produtos exportáveis, beneficiados com a alta do dólar.

As empresas preferem reajustar seus preços gradativamente, em vez de promover aumentos substanciais, que são percebidos como abusivos pelos consumidores. Alternativamente aos aumentos de preço (para compensar aumentos de custo), as empresas muitas vezes adotam outras técnicas com o intuito de manter ou mesmo aumentar suas margens de lucro:

- redução do tamanho do produto – a empresa mantém o preço da mercadoria mas reduz a quantidade fornecida, como ocorreu recentemente com alguns produtos de limpeza cujas embalagens foram reduzidas de 1kg para 900g. Essa é uma prática muito utilizada, mas ao mesmo tempo contestada pelos órgãos de defesa do consumidor, que entendem que a empresa está enganando o consumidor;
- simplificação das características do produto – a empresa pode optar por eliminar algumas características dos produtos que são consideradas supérfluas pelos consumidores, como ocorreu no segmento de videocassetes, cujos controles remotos foram extremamente simplificados;
- substituição de componentes – a empresa pode optar por matérias-primas, componentes ou embalagens mais baratos, desde que não haja queda na qualidade percebida pelo consumidor;
- supressão de serviços agregados – uma forma disfarçada de aumentar o preço é suprimir ou cobrar separadamente serviços como frete, montagem e garantia.

Se a queda na qualidade do bem ou serviço for percebida pelo consumidor, a empresa pode ser obrigada a reduzir os preços para acompanhar a queda nas vendas, mas com risco de comprometer toda a estratégia (diferenciação, por exemplo) ou a imagem da marca e da empresa.

Reações às variações de preços

As variações nos preços dos produtos podem provocar percepções e reações diversas por parte dos clientes e concorrentes, as quais devem ser monitoradas permanentemente.

Reações dos clientes

Os clientes são mais sensíveis às variações de preços quando o produto ou serviço é de uso habitual; quando seu valor unitário é elevado; e quando existem substitutos próximos no mercado. Uma redução percebida nos preços pode ser interpretada pelos clientes, sejam distribuidores ou consumidores finais, de diversas formas:

- apenas uma promoção de venda, o que sinalizaria um bom momento para compra;
- o produto possui algum defeito e por isso não está vendendo bem;
- uma reação aos concorrentes e uma provável guerra de preços, criando a expectativa de novas reduções e sinalizando que ainda não é o momento ideal de realizar a compra;
- queda na qualidade do bem ou serviço;
- o modelo vai ser descontinuado e surgirá uma versão mais nova;
- a saúde financeira da empresa está abalada e ela tenta recuperar caixa.

Da mesma forma, os aumentos nos preços podem ser assim interpretados:

- melhora na qualidade do bem ou serviço;
- apenas um ajuste em função da inflação ou um repasse de aumentos nos custos;
- o produto vem agradando ao consumidor e a demanda está aquecida;
- a empresa está explorando os clientes e cobrando preços abusivos.

Reações dos concorrentes

O administrador deve conhecer a estrutura da indústria onde atua e ter ciência das possíveis reações de cada concorrente às variações praticadas nos preços pela empresa. Quanto mais homogêneo o produto e quanto menor o número de concorrentes, maior a tendência de que haja reação dos concorrentes às variações nos preços promovidas pela empresa.

Antes de efetuar variações em seus preços, as empresas devem procurar antecipar possíveis reações dos concorrentes, com base no histórico de retaliações e em seus objetivos de longo prazo.

Reações da empresa

Nem sempre a empresa deve acompanhar as reduções de preços dos concorrentes. Antes de retaliar, ela deve considerar seu objetivo de longo prazo e examinar até que ponto uma guerra de preços pode piorar sua situação e a da indústria. Antes de reagir, a empresa deve procurar entender as razões do concorrente, perguntando-se, por exemplo:

- o concorrente reduziu seus preços para aumentar as vendas e diminuir sua capacidade ociosa, diluindo seus custos fixos e aumentando seu lucro?
- o concorrente está repassando para os preços reduções de custos em função de ganhos de produtividade ou inovações tecnológicas?
- o concorrente tem condições financeiras de manter os novos preços ou pode apenas promover uma redução temporária?
- o concorrente almeja tornar-se líder de vendas?
- quais as consequências para a empresa, em termos de participação no mercado e lucro, caso ela não acompanhe as reduções nos preços dos concorrentes?
- se a empresa reagir, haverá uma guerra de preços?

Ao avaliar a entrada numa guerra de preços, as empresas devem considerar:

- por quanto tempo a empresa terá condições de sustentar a guerra de preços?
- a redução de preços vai melhorar ou piorar os lucros da empresa?

Com base nos conceitos introduzidos no capítulo 7, as empresas podem avaliar o impacto de sua decisão de acompanhar ou não as reduções de preços dos concorrentes e responder a algumas dessas perguntas.

Os produtos líderes de mercado são os mais frequentemente atacados, e as empresas podem adotar diversas atitudes em relação aos concorrentes:

- retaliar e acompanhar as reduções de preços dos concorrentes – reação adequada quando a empresa estima que perderá uma grande fatia do mercado consumidor, e precisa de escala para atingir a lucratividade desejada, ou a empresa estima que o custo de recuperar a parcela de mercado perdida (propaganda, promoções e melhorias na embalagem, por exemplo) será superior à perda de margem total de contribuição causada pela redução nos preços;
- não retaliar e manter o preço – reação adequada quando a empresa estima que a perda de lucratividade com a redução nos preços será superior à perda com a queda na participação no mercado, e estima que não perderá muita participação no mercado, em virtude de uma demanda inelástica e da fidelização à marca, ou a empresa estima recuperar a fatia de mercado posteriormente;
- retaliar e lançar marcas de combate – isso é indicado quando a empresa não quer entrar na guerra de preços para não contaminar a imagem do produto e prefere lançar uma nova marca a um preço menor para combater o concorrente;
- retaliar por meio de descontos seletivos – isso é indicado quando for possível praticar preços distintos para diferentes segmentos de clientes (determinados por volume de compras, região geográfica, tipo de canal de distribuição, modelo de produto ou marca específica), sinalizando ao concorrente que a empresa está disposta a reagir e evitando que ela perca margem em todo o seu volume de vendas (Dolan e Simon, 1998);
- não retaliar e aumentar qualidade – a empresa pode tentar aumentar a qualidade percebida do produto como forma de evitar a perda de fatia significativa de mercado;
- não retaliar e diferenciar o produto – a empresa pode optar por aumentar a qualidade e o preço do produto com o intuito

de transmitir uma imagem de exclusividade e prestígio, reforçando sua imagem e sua posição competitiva de longo prazo.

A empresa pode tentar sinalizar aos concorrentes que vai retaliar, mas essa ameaça deve ser crível, de modo a dissuadir os concorrentes de uma guerra de preços. Retaliar e entrar numa guerra de preços é uma decisão complexa mas, se assim for decidido, a resposta deve ser rápida e vigorosa, visando os pontos mais vulneráveis dos concorrentes.

Conclusão

As empresas que agregam valor aos seus proprietários e acionistas pensam proativamente, procurando oportunidades, e não se limitam a reagir aos movimentos de mercado. Elas buscam estabelecer antecipadamente que público desejam atingir, que parcela de mercado almejam capturar, que benefícios seus clientes valorizam, qual pode ser a reação de seus concorrentes e qual o custo máximo de operação suportável que lhes garanta a meta de lucro desejada, considerando os investimentos necessários, o custo de oportunidade do capital e o preço que se espera que os clientes estejam dispostos a pagar pelo seu produto.

Muitas empresas ainda trabalham com a ideia de que o preço deve ser definido a partir de seus custos e de sua meta de lucro. Na verdade, os custos devem servir de parâmetro para estabelecer qual o preço mínimo aceitável para o produto no longo prazo. O comportamento do consumidor, o ambiente de negócios e a ação da concorrência determinarão quais preços podem ser efetivamente cobrados.

Nas empresas de sucesso, o preço é estabelecido com base no seu objetivo estratégico, em estimativas do valor percebido pelos consumidores e no comportamento da concorrência, servindo pois de balizamento para o custo-alvo máximo que a empresa pode incorrer em função de sua meta de lucro.

A metodologia da margem de contribuição talvez seja a mais adequada para as decisões de precificação de um novo produto. Entretanto, no longo prazo, as receitas devem cobrir todos os custos variáveis e fixos e ainda remunerar adequadamente o capital. Atualmente as empresas estão utilizando o conceito de custeio baseado em atividades como forma de mensurar o custo de cada atividade associada às diversas etapas de sua operação. O quadro 7 mostra a abordagem que deve orientar a formação dos preços.

Quadro 7
Abordagem para estabelecimento de preços

Não se pergunte	Pergunte sempre
Que preços devemos cobrar para cobrir nossos custos e ainda ter lucro?	Em que custos podemos incorrer, dados os preços que podemos cobrar ao mercado, e ainda ter lucro?
Que preço o consumidor está disposto a pagar?	Qual o benefício do nosso produto para o consumidor e como podemos melhor comunicar esse benefício e, assim, justificar o preço?
Quais os preços necessários para atingirmos nossos objetivos de vendas ou de volume?	Qual a combinação de margem e volume mais rentável para nossa empresa?

Fonte: Adaptado de Nagle e Holden (2003).

O preço básico não deve ser um entrave à competitividade da empresa. A administração de preços deve ser flexível para permitir que a empresa alcance a melhor combinação entre margem de contribuição, participação no mercado e rentabilidade, adequando seus preços às diferentes circunstâncias – por exemplo, os diversos segmentos de clientes, as características valorizadas por esses segmentos, os canais de distribuição, o local e o momento da compra, a forma de pagamento, os serviços agregados, a sazonalidade e o volume negociado.

As empresas devem igualmente monitorar o comportamento dos concorrentes e examinar se convém ou não acompanhar as reduções de preços e, se for o caso, entrar numa competição de preços. Devem avaliar o grau de fidelidade de seus clientes e a perda estimada no faturamento, de modo a tomar as decisões que lhes garantam o melhor lucro no longo prazo. Em vez de acompanhar os movimentos de preço dos concorrentes, a empresa pode tentar diferenciar seu produto ou serviço e melhorar a comunicação e a distribuição. Pode também utilizar ferramentas de marketing para influenciar o comportamento do consumidor ou enviar sinais ao mercado de modo a evitar uma competição de preços. Definir o preço final de um produto é quase uma arte, que deve orientar-se pela estratégia competitiva da empresa e estar integrada às demais decisões do composto de marketing.

Referências

ASSEF, Roberto. *Guia prático de formação de preços:* aspectos mercadológicos, tributários e financeiros para pequenas e médias empresas. 4. ed. Rio de Janeiro: Elsevier, 2011a.

_____. *Gerência de preços como ferramenta de marketing.* 3. ed. Rio de Janeiro: Elsevier, 2011b.

BACKER, M.; JACOBSEN, Lyle E.; MARION, J. C.; ORRU, M. *Contabilidade de custos:* uma abordagem gerencial. São Paulo: McGraw-Hill, 1984.

BRUCKS, Merrie; ZEITHAML, Valarie A.; NAYLOR, Gillian. Price and brand name as indicators of quality dimensions for consumer durables. *Journal of the academy of marketing science*, v. 28, n. 3, p. 359-374, 2000.

CHURCHILL JR., Gilbert A.; PETER, J. Paul. *Marketing* – criando valor para os clientes. São Paulo: Saraiva, 2012.

COGAN, Samuel. *Custos e preços:* formação e análise. São Paulo: Pioneira, 2002.

DOLAN, Robert J. *How do you know when the price is right?* Harvard Business Review, p. 174-183, set./out. 1995.

_____; SIMON, Hermann. *O poder dos preços.* São Paulo: Futura, 1998.

ENGEL, James F.; BLACKWELL, Roger D.; MINIARD, Paul W. *Comportamento do consumidor.* 8. ed. Rio de Janeiro: LTC, 2000.

ETZEL, Michael; WALKER, Bruce J.; STANTON, William. *Marketing*. São Paulo: Makron Books, 2001.

GIJSBRECHTS, Els. Prices and pricing research in consumer marketing: Some recent developments. *International Journal of Research in Marketing*, v. 10, n. 2, p. 115-151, 1993.

HIGUCHI, Hiromi; HIGUCHI, Celso. *Imposto de renda das empresas*. São Paulo: Atlas, 2003.

KOTLER, Philip; KELLER, Kevin Lane. *Administração de marketing*. São Paulo: Pearson Education do Brasil, 2012.

LEAVITT, Harold J. A note on some experimental findings about the meanings of price. *The Journal of Business*, v. 27, n. 3, p. 205-210, 1954.

MARTINS, E. *Contabilidade de custos*. São Paulo: Atlas, 2010.

MASAYUKI, N. *Gestão estratégica de custos*. São Paulo: Atlas, 2007.

_____. *ABC*: custeio baseado em atividades. São Paulo: Atlas, 1994.

NAGLE, Thomas; HOLDEN, Reed. *Estratégia e táticas de preços*: um guia para decisões lucrativas. 3. ed. São Paulo: Pearson Education do Brasil, 2003.

NEVES, Silvério das; VICECONTI, Paulo Eduardo Vilchez. *Curso prático de imposto de renda pessoa jurídica*. São Paulo: Frase, 2001.

OSTRENGA, Michael R. et al. *Guia da Ernst & Young para gestão total dos custos*. Record, 1997.

PARENTE, Juracy. *Varejo no Brasil*. São Paulo: Atlas, 2000.

PORTER, Michael E. *Vantagem competitiva*: criando e sustentando um desempenho superior. 20. ed. Rio de Janeiro: Campus, 1989.

RIES, Al; TROUT, Jack. *Posicionamento*: a batalha por sua mente. São Paulo: M. Books, 2009.

ROCHA, Angela da; FERREIRA, Jorge Brantes; SILVA, Jorge Ferreira da. *Administração de marketing*: conceitos, estratégias, aplicações. São Paulo: Atlas, 2012.

SARDINHA, José Carlos. *Formação de preço*: a arte do negócio. São Paulo: Makron, 1995.

SHANK, J. K. *Gestão estratégica de custos*. Rio de Janeiro: Campus, 1995.

SMITH, Gerald E.; NAGLE, Thomas T. Financial analysis for profit-driven pricing. *Sloan Management Review*, p. 71-84, Spring 1994.

SMITH, Ken G.; GRIMM, Curtis M. Environmental variation, strategic change and firm performance: a study of railroad deregulation. *Strategic Management Journal*, v. 8, p. 363-376, 1987.

TREACY, Michael; WIESERMA, Fred. *A disciplina dos líderes de mercado*. Rio de Janeiro: Rocco, 1995.

ZEITHAML, Valarie A. Consumer perceptions of price, quality, and value: a means-end model and synthesis of evidence. *The Journal of Marketing*, p. 2-22, 1988.

_____; BITNER, Mary Jo. *Marketing de serviços:* a empresa com foco no cliente. 3. ed. São Paulo: Bookman, 2003.

Os autores

Jorge Carneiro
Doutor em administração de empresas pelo Coppead/UFRJ, mestre em administração de empresas e engenheiro eletrônico pela PUC-Rio. Exerceu cargos de diretoria nas empresas Via Global e iBest e posição de analista de negócios na Petrobras. Autor de artigos apresentados em congressos e publicados em revistas nacionais e estrangeiras. Professor associado da FGV/Eaesp e professor convidado do FGV Management.

Claudio Sunao Saito
Mestre e graduado em administração de empresas pela PUC-SP. Possui experiência na área de marketing e vendas, atuando como consultor junto a organizações de diversos portes, entre eles: Sabesp, Telefônica, Siemens, American Express, América on Line, Atos, Prossegur, Fiesp e Sebrae. Professor convidado do FGV Management.

Hélio Moreira de Azevedo
Mestre em gestão empresarial, pós-graduado em administração financeira pela FGV e graduado em administração de empresas e ciências contábeis pela Universidade Candido Mendes. Exerceu cargos de diretor financeiro-administrativo, *controller* e auditor em

empresas privadas. Professor convidado do FGV Management, atua também como consultor de empresas.

Luiz Celso Silva de Carvalho
Mestre em economia empresarial pela Universidade Candido Mendes, pós-graduado em administração financeira pela FGV e engenheiro eletrônico pela Universidade Veiga de Almeida. Exerceu cargos de gerência em empresas como Banco Central, Banco do Brasil e BB-DTVM. Foi auditor e consultor na área financeira da empresa LCM Treinamento e Consultoria Empresarial. Professor convidado do FGV Management, atualmente trabalha no BNDES.

Este livro foi impresso nas oficinas gráficas da Editora Vozes Ltda.,
Rua Frei Luís, 100 – Petrópolis, RJ.